# Inhalt

# Vorwort

Emile Zolas Roman **Germinal** (ersch. 1884/85) ist der dreizehnte Band des Zyklus: **Les Rougon-Maquart**. In ihm stellt der Autor sozialkritisch die französische Gesellschaft des Fin de sciècle (Second Empire Sep. 1852–1870) am Beispiel der Natur- und Gesellschaftsgeschichte einer Familie dar.

**Germinal** gehört auch heute noch zur klassischen Romanlektüre des 19. Jahrhunderts. Unter Klassik seien im Anschluß an H. U. Gumprecht u. F. J. Hassauer-Roos solche Texte verstanden, „die ihrem Selbstverständnis nach für Menschen aller Epochen geschrieben sind" (S. 231).

Was gerade diesen Roman zu einem „klassischen Werk" macht, liegt einerseits in der Thematik begründet, nämlich der kommentarlosen, präzisen Schilderung sozialer Ausbeutung französischer Arbeiter, wozu der Autor das Beispiel französischer Bergwerkarbeiter im ausgehenden 19. Jahrhundert, während des Second Empire, heranzieht. Andererseits liegt die Bedeutung dieses Werks aber auch gerade darin, sich der Literatur als dem Medium zu bedienen, mit dem allgemeine Wahrheiten vermittelt werden, die den sozialen wie humanen Fortschritt weitertragen sollen.

Der umfangreiche Roman, etwa 472 Seiten, verlangt, will man «Germinal» nicht als ahistorisches Werk verstanden wissen, eine recht genaue Kenntnis der sozio-historischen Umstände ebenso wie Kenntnisse über Zolas Grundannahmen: seine wachsende Skepsis an der Erkenntnisfähigkeit und dem Glauben an die Determiniertheit (Vorherbestimmtheit) des Menschen. Diese sucht er durch „von Intuitionen nicht beeinflußte Beschreibung" (Gumprecht, u. a. 213) wettzumachen. Durch akribische Detaildarstellungen, die den Anspruch erheben, daß **Leben so ist**, sollen durch die Lektüre die tatsächlichen Triebkräfte und Grundgesetze biologischen wie sozialen Lebens erschlossen werden. Um dieses Ziel zu erreichen, stellt Zola dem ausgebeuteten vierten Stand (den Arbeitern) die reichen Bergwerkbesitzer gegenüber. Damit stößt er bewußt seine meist aus großbürgerlichen Kreisen stammenden Leser vor den Kopf, denn diese erwarten Bejahung ihrer sozialen „Wirklichkeit", nicht aber

Kritik in ihrem ausbeuterischen Verhalten. So rückt Zola die soziale Problematik des rechtlosen Arbeiters in das Zentrum der Aufmerksamkeit.

Das Ende des Romans zeigt in der Metapher des Aprilmorgens «Maintenant, en plein ciel, le soleil d'avril rayonnait dans sa gloire, échauffant la terre qui enfantait. [...] Des hommes poussaient, une armée noire, vengeresse, qui germait lentement [...] grandissant pour les récoltes du siècle futur, et dont la germination allait faire bientôt éclater la terre.» (502), daß der Autor einen Hoffnungsschimmer für die Entrechteten sieht. Diesen allerdings nicht in einer Revolution, sondern eher in einer Evolution.

Um die exemplarische Bedeutung dieses Romans zu erkennen und seinen Rang nicht nur als „klassische Romanlektüre" würdigen und nachvollziehen zu können, ist es nötig, im hermeneutischen Nachvollzug von der inhaltlichen über die exemplarische zur existentiellen Ebene der Aussage dieses Werkes vorzudringen. Dabei gilt es gerade das von Zola so eindringlich verwandte Metapherngeflecht zu durchschauen. Dessen Symbolik macht nämlich erst die zahlreichen Anspielungen auf soziohistorischer Ebene, seine politischen Anschauungen, seine Kritik an den unwürdigen Arbeitsverhältnissen im Bergbau des ausgehenden 19. Jahrhunderts verständlich. Durch die leitmotivischen Verflechtungen zwischen Mensch-Maschine-Natur mit all ihren Vorausdeutungen und ihren intrapersonalen Spiegelungen wird die Lektüre erst „wirklich" spannend.

Ein kurzer biographischer Abriß sowie eine Synopse von Werk und Zeitgeschehen ermöglichen einen fundierten Zugang zum Œuvre Zolas. In den nachfolgenden kurzen Kapiteln wird das Wesentliche seines naturalistischen Zugriffs zur Literatur hervorgehoben, werden Inhalt wie die Protagonisten zunächst im Überblick vorgestellt.

Die sich anschließenden ausführlichen Inhaltsangaben, jeweils gefolgt von einem knappen Kommentar, in dem das Wesentliche des Einzelkapitels herausgearbeitet wird, führen zum Gesamtverständnis hin. Thematik, Komposition, Erzählweise, soziohistorische Zusammenhänge usw. werden vertieft behandelt, so daß ein eindringliches Verstehen des Werkes gewährleistet wird.

Im Anhang befinden sich ausführliche Worterklärungen sowie bibliographische Angaben. Diese erfassen jeweils die derzeit verfügbaren deutschen Übersetzungen sowie zugängliche französische Taschenbuchausgaben. An Sekundärliteratur werden nur solche Titel aufgeführt, die für Schülerinnen und Schüler leicht erreichbar sind.

# La vie de Zola

## LES ANNÉES DE FORMATION : 1840-1870

### Les premières années (1840-62)

Né à Paris le 2 avril 1840, Emile Zola, fils d'un ingénieur italien, passe son enfance à Aix-en-Provence. La mort de son père, en 1847, change la situation financière de la famille : Zola devra travailler et lutter pour faire son chemin.

Après des études secondaires à Aix, puis à Paris, il échoue au baccalauréat (1859) : sans diplôme et sans travail, il traverse une période parfois difficile, qui lui laisse du moins le loisir de lire les grands auteurs, de réfléchir aux questions littéraires et d'écrire (1859-1861).

### Les premières œuvres (1862-65)

Devenu chef du service de publicité chez Hachette, il noue des relations dans le monde littéraire, publie ses premières chroniques dans la presse, puis les *Contes à Ninon* (1864) et un roman d'inspiration autobiographique : *La Confession de Claude* (1865). En 1865, il se prononce pour un réalisme artiste qu'il définit comme : « un coin de la nature vu à travers un tempérament » (article du 26.7.1865). En 1865, il rencontre Gabrielle-Alexandrine Meley, qu'il épousera en 1870.

### Les premières luttes et la conception des *Rougon-Macquart* (1866-70)

Devenu chroniqueur littéraire, il se fait remarquer pour la vigoureuse campagne qu'il mène en faveur de Manet et des peintres qu'on appellera bientôt « impressionnistes », et contre la peinture académique. Il publie *Thérèse Raquin* (1867) et *Madeleine Férat* (1868), puis conçoit l'idée de son cycle romanesque, pour lequel il trouve un éditeur.

Dans des journaux d'opposition républicaine à l'Empire, il publie des articles de plus en plus violents (1869-1870) et le début de *La Fortune des Rougon* (1870), qui fait aussi le procès du régime. L'effondrement de l'Empire le sauvera de poursuites judiciaires.

## LES ROUGON-MACQUART : 1870-1893

### Vers le succès (1870-77)

Chroniqueur parlementaire en 1870-71, Zola stigmatise le conservatisme de l'Assemblée Nationale, critique les Versaillais qui organisent la guerre civile puis la répression, s'apitoie sur le sort des fusillés, demande l'amnistie des communards. Après un article qui oppose, comme dans *Germinal*, la misère des pauvres à l'égoïsme des chefs conservateurs, il doit renoncer à la chronique politique.

Après *La Fortune des Rougon* en 1870-71, puis *La Curée* (1871-72), chaque année voit la parution d'un nouveau roman : *Le Ventre de Paris* (1873), *La Conquête de Plassans* (1874), *La Faute de l'abbé Mouret* (1875), *Son Excellence Eugène Rougon* (1876), *L'Assommoir* (1876-77). Zola devient célèbre et achète sa villa de Médan.

### Le maître du naturalisme (1878-88)

Il publie *Une page d'amour* (1878), puis *Nana* (1879-1880) qui suscite un nouveau scandale et un énorme succès. Zola fait maintenant figure de chef d'école : en 1880, *Les Soirées de Médan* apparaissent comme un manifeste naturaliste. Il expose ses principes dans *Le Roman expérimental* (1880) et de nombreux articles de critique littéraire.

Profondément affecté par la mort de Flaubert, puis par celle de sa mère en 1880, il se réfugie dans le travail et publie *Pot-Bouille* (1882), *Au Bonheur des Dames* (1883), *La Joie de vivre* (1884), *Germinal* (1885), *L'Œuvre* (1886), *La Terre* (1887), *Le Rêve* (1888).

Cependant, une réaction s'esquisse contre le naturalisme, marquée notamment par la publication de *A rebours* de Huysmans (1884).

### Vers un renouvellement de l'inspiration et de la vie (1888-93)

A partir de décembre 1888, la vie de Zola est bouleversée par sa liaison avec une jeune lingère de vingt-deux ans, Jeanne Rozerot, puis la naissance de leurs deux enfants, Denise (1889) et Jacques (1891). L'écrivain, qui a jusque-là consacré sa vie au travail, satisfait enfin son besoin d'amour et goûte les joies de la paternité. Cet « amour d'automne » lui apporte un regain de vigueur : il souhaite en finir avec *Les Rougon-Macquart*, « sans trop changer [ses] procédés », pour pouvoir mieux ensuite « retourner [sa] veste » (lettre du 9.3.1890), et c'est *La Bête humaine* (1890), *L'Argent* (1891), où se lit déjà une nouvelle inspiration, *La Débâcle* (1892) et enfin *Le Docteur Pascal* (1893), qui entend exprimer « la passion de la vie ».

## LE RÊVE ET L'ACTION : 1893-1902

### *Les Trois Villes* (1894-97)

Zola s'absorbe alors dans l'élaboration d'un nouveau cycle romanesque, qu'il entend consacrer aux grands problèmes de son époque. Après *Lourdes* (1894) et *Rome* (1896) qui montrent l'échec du vieux catholicisme et du néo-christianisme, *Paris* (1898) exprime une vision optimiste de l'avenir inspirée par la foi en la science et les principes utopiques des socialistes français.

### De *J'accuse* aux *Quatre Évangiles* (1898-1902)

Zola vient de terminer *Paris* quand il acquiert la conviction que Dreyfus, innocent, a été victime d'une machination. Il se lance aussitôt dans une campagne de presse qui culmine avec *J'accuse* (*L'Aurore* du 13 janvier 1898). Condamné à 3 000 F d'amende et à un an de prison, Zola doit s'exiler un an en Angleterre. Malgré le débordement de haine que lui vaut son engagement retentissant dans l'affaire Dreyfus, il lutte jusqu'à sa mort pour la révision du procès.

Pendant l'Affaire, Zola s'est rapproché des socialistes et de Jaurès, mais ses dernières œuvres s'inspirent plutôt d'un anarchisme épuré et des théories de Fourier sur la réorganisation du travail et la répartition de la richesse : *Les Quatre Evangiles* donnent la vision d'une société régénérée, après une révolution sans violence. A *Fécondité* (1899), *Travail* (1901) et *Vérité* (1903) devait succéder *Justice*. La mort de l'écrivain, trouvé asphyxié le 29 septembre 1902, peut-être à la suite de manœuvres criminelles, a laissé cette tétralogie inachevée.

Le 5 octobre 1902, une foule innombrable accompagne au cimetière Montmartre l'auteur de *Germinal* et de *J'accuse*. Les cendres de Zola ont été transférées au Panthéon en 1908.

| VIE ET ŒUVRE DE ZOLA | | ÉVÉNEMENTS POLITIQUES, SOCIAUX, CULTURELS | |
|---|---|---|---|
| **1840** | Naissance à Paris<br>(2 avril) | | |
| **1845** | La famille s'installe à Aix | | |
| **1847** | Mort du père | | |
| **1852** | → **1857** : Études<br>secondaires à Aix<br>Amitié avec Cézanne | **1857** | Flaubert, *Madame Bovary*<br>Baudelaire,<br>*Les Fleurs du mal* |
| **1858** | →**1859** : Classe de<br>rhétorique à Paris<br>Échec au baccalauréat | **1862** | Hugo, *Les Misérables* |
| **1859** | →**1861** : Vie de<br>bohème, parfois difficile<br>Lectures | **1863** | Manet, *Le Déjeuner sur<br>l'herbe* (scandale) |
| **1862** | Employé puis chef de la<br>publicité chez Hachette | **1864** | Fondation de l'Associa-<br>tion internationale des<br>travailleurs |
| **1864** | *Contes à Ninon* | **1865** | Claude Bernard, *Introduc-<br>tion à l'étude de la<br>médecine expérimentale*<br>Les Goncourt,<br>*Germinie Lacerteux*<br>Manet, *Olympia* (nouveau<br>scandale) |
| **1865** | *La Confession de Claude*<br>Premiers articles<br>importants<br>Rencontre d'Alexandrine<br>Meley | | |
| **1866** | *Mes haines - Mon salon*<br>→ **1868** : Campagne<br>pour Manet | **1866** | → **1867** : Crise écono-<br>mique |
| **1867** | *Édouard Manet*<br>*Thérèse Raquin* | **1869** | Flaubert,<br>*L'Éducation sentimen-<br>tale* ; Balzac, *La Comédie<br>humaine* (rééd.) |
| **1868** | *Madeleine Férat* | | |
| **1869** | Plan des<br>*Rougon-Macquart* | **1869** | → **1870** : Grèves des<br>mineurs : Anzin, Aubin,<br>La Ricamarie, Le Creusot |
| **1869** | → **1870** : Articles contre<br>l'Empire | | |
| **1871** | *La Fortune des Rougon* | **1870** | Guerre franco-prussienne<br>Chute de l'Empire (4 sept.) |
| **1871** | Zola chroniqueur<br>parlementaire | **1871** | Armistice ; élection d'une<br>assemblée conservatrice ;<br>la Commune |
| **1872** | *La Curée*<br>Chroniques politiques | | |
| **1873** | *Le Ventre de Paris* | **1873** | « L'ordre moral » |
| **1874** | *La Conquête de Plassans* | **1874** | Première exposition<br>impressionniste |
| **1875** | *La Faute de l'abbé<br>Mouret* | | |

| | |
|---|---|
| **1876** | *Son Excellence Eugène Rougon* |
| **1877** | *L'Assommoir*, scandale et gros succès de librairie ; célébrité |
| **1878** | Achat de la villa de Médan - *Une page d'amour* |
| **1880** | *Nana*, succès<br>*Les Soirées de Médan*<br>Mort de sa mère<br>Crise morale<br>*Le Roman expérimental* |
| **1881** | Critique littéraire |
| **1882** | *Pot-Bouille* |
| **1883** | *Au Bonheur des Dames* |
| **1884** | *La Joie de vivre* |
| **1885** | *Germinal* |
| **1886** | *L'Œuvre* |
| **1887** | *La Terre* |
| **1888** | *Le Rêve*<br>Rencontre de Jeanne Rozerot |
| **1889** | Naissance de Denise Zola |
| **1890** | *La Bête humaine* |
| **1891** | *L'Argent*<br>Naissance de Jacques Zola |
| **1892** | La Débâcle |
| **1893** | *Le Docteur Pascal* |
| **1894** | *Lourdes* |
| **1896** | *Rome* |
| **1897** | Premiers articles sur l'Affaire |
| **1898** | *J'accuse - Paris*<br>Zola condamné ; exil en Angleterre |
| **1899** | Retour d'exil<br>*Fécondité* |
| **1901** | *Travail* |
| **1902** | Mort de Zola (29 septembre) |
| **1903** | *Vérité* |
| **1908** | Zola au Panthéon |

| | |
|---|---|
| **1876** | Élection d'une Chambre républicaine |
| **1877** | Dissolution de la Chambre ;<br>nouvelle majorité républicaine ; soumission de Mac-Mahon |
| **1878** | Grève d'Anzin |
| **1878** | → **1881** : Attentats anarchistes en Europe |
| **1879** | Démission de Mac-Mahon<br>Guesde crée le Parti des travailleurs socialistes de France |
| **1880** | Amnistie des communards<br>Mort de Flaubert |
| **1882** | Henri Becque, *Les Corbeaux* |
| **1883** | Maupassant, *Une vie* |
| **1884** | Loi Waldeck-Rousseau autorisant les syndicats<br>Grève d'Anzin<br>Huysmans, *A rebours* |
| **1885** | Maupassant, *Bel-Ami* |
| **1887** | Manifeste des Cinq contre *La Terre*<br>Agitation nationaliste |
| **1893** | Scandale de Panama<br>Attentats anarchistes |
| **1894** | Condamnation de Dreyfus |
| **1899** | Dreyfus est gracié après un second procès |
| **1906** | Dreyfus réhabilité et réintégré dans l'armée. |

# L'œuvre littéraire

## LE NATURALISME : DOCTRINE ET PRATIQUE

« Mon but a été scientifique avant tout », affirme Zola dans sa préface à *Thérèse Raquin*. Professant un déterminisme rigoureux, il rejette toute considération morale. Sa doctrine réserve pourtant une place essentielle à la personnalité de l'artiste : « Les écrivains naturalistes sont ceux dont la méthode d'étude serre la nature et l'humanité du plus près possible, tout en laissant, bien entendu, le tempérament particulier de l'auteur libre de se manifester ensuite dans les œuvres », écrit-il dans un article de 1876 où il définit le naturalisme comme un élargissement du réalisme. Aussi ne faut-il pas accorder une importance excessive à la théorie exposée dans *Le Roman expérimental* (1880), qui fait du romancier un observateur doublé d'un expérimentateur. Ce sont les œuvres qui comptent, et Zola déclarait lui-même en 1887 : « Je ne suis de l'école du rien, ni dans le roman, ni dans le drame ; je suis au contraire pour la passion, pour ce qui agit et ce qui émeut. »

Sa méthode de travail est originale : il définit peu à peu son projet, ses personnages, son histoire dans l'*Ébauche*. Cette réflexion initiale est nourrie de lectures et de visites qui peuvent constituer une vraie enquête journalistique. Après ce dialogue avec lui-même, Zola peut élaborer un plan général. S'ouvre alors une nouvelle phase de documentation au cours de laquelle il accumule les notes. Il achève ensuite la caractérisation des personnages et la composition : les chapitres sont définis dans deux plans détaillés successifs, de plus en plus précis au fur et à mesure que le romancier y intègre, dans un constant va-et-vient, les exigences esthétiques et les données de l'observation. La rédaction, enfin, se fait à un rythme régulier et soutenu (dix mois pour *Germinal*).

## LES ROUGON-MACQUART (1869-1893)

L'histoire de cette famille a été conçue sur un modèle prétendument scientifique élaboré à partir du *Traité philosophique et physiologique de l'hérédité naturelle* (1850). Les considérations souvent fantaisistes du docteur Lucas ont donné à Zola une caution qui l'a sans doute autorisé à se montrer plus hardi dans l'évocation des drames intimes de ses personnages et, indirectement, de sa propre personnalité. Cette œuvre, tout entière imprégnée du « tempérament » de son auteur, exprime à la fois un désir et une peur de vivre et d'aimer qui jette le discrédit sur toute la sexualité. Au contraire, la célébration des « noces » du docteur Pascal et de la jeune Clotilde dans le dernier roman du cycle constitue un chant d'espoir et d'amour. Zola se voulait aussi poète. Les symboles, la richesse des images qui s'organisent en constellations et en mythes, le recours au grandissement, à l'animisme, à l'épique, la diversité d'un style capable de lyrisme et d'ironie suffiraient à sauver cette œuvre des lieux communs anti-naturalistes et à la distinguer de ses imitations. Zola en avait sans doute conscience, qui confiait en 1890 : « Les procédés que j'ai apportés mourront avec moi. »

*Les Rougon-Macquart* présentent un indéniable intérêt historique et constituent un véritable pamphlet contre le Second Empire et les soutiens qui lui ont survécu : « les honnêtes gens » égoïstes et la bourgeoisie d'affaires. La figure du peuple, « le grand absent » de *La Comédie humaine*, selon Zola, occupe une place importante, mais surtout comme classe souffrante ; les révolutionnaires (idéalistes, anarchistes ou marxistes) lui restent étrangers et ne semblent pas avoir prise sur l'avenir, pourtant promis à d'inévitables transformations sociales.

## LES ROMANS UTOPIQUES (1893-1903)

Le lyrisme et l'optimisme de Zola, sensibles dès *L'Argent* (1891), s'exhalent dans ses dernières œuvres, qui témoignent d'une volonté de changer de manière, peut-être à la suite du bouleversement intervenu dans sa vie en 1889. Ayant constaté l'échec de la foi et les menaces qui pèsent sur la société (*Lourdes* et *Rome*), Zola, dans *Paris* puis *Fécondité*, *Travail* et *Vérité* appelle à la construction d'« un seul peuple fraternel faisant du monde une cité unique de paix, de vérité et de justice ».

# En bref

Étienne Lantier, un jeune ouvrier au tempérament de révolté, arrive au pays minier en pleine crise économique. Il découvre les conditions de travail effroyables que la Compagnie impose à ses mineurs et tombe amoureux de la jeune Catherine Maheu. (I)

La Maheude, à court d'argent, n'obtient aucune aide des bourgeois ; seul le nouveau crédit que lui accorde l'épicier lui permet de nourrir sa famille. Après le travail, les jeunes courent à leurs plaisirs : Catherine devient la maîtresse d'un ouvrier brutal : Chaval. (II)

Étienne, vite intégré au coron, se fait le propagandiste des idées révolutionnaires. Il finit par vaincre la résignation habituelle des mineurs et leur transmet son rêve d'une société plus juste. (III)

Quand la grève éclate en décembre, la Compagnie refuse toute négociation. Les souffrances des grévistes ne font qu'accroître leur détermination : guidés par Étienne, ils adhèrent à l'Internationale puis, au cours d'une réunion nocturne, décident de généraliser la grève. (IV)

Le lendemain, trois mille grévistes affamés et de plus en plus exaltés courent d'une fosse à l'autre, cassant des machines et terrifiant les bourgeois. Étienne ne peut contenir la violence de la foule qui se déchaîne devant l'hôtel du directeur. (V)

L'armée garde le pays. En février, les mineurs tiennent toujours malgré le froid et la famine. Apprenant que la Compagnie fait descendre des Belges pour les remplacer, ils se heurtent à la troupe : Maheu et six autres ouvriers sont tués. (VI)

Le jour de la reprise du travail, l'anarchiste Souvarine provoque l'effondrement de la fosse. Au fond de la mine, Étienne tue Chaval et devient enfin l'amant de Catherine, qui meurt avant l'arrivée des sauveteurs. Six semaines plus tard, la grève terminée, le jeune homme part pour Paris : il y sera le porte-parole des ouvriers. (VII)

# Les personnages

## LES HÉROS

**Étienne Lantier** (20 ans) : Fils de Gervaise (*L'Assommoir*). Ouvrier. Hérédité alcoolique. Amoureux de Catherine, il tue son rival (Chaval) au fond de la mine. La grève qu'il dirige constitue son éducation socialiste : il part ensuite pour Paris, où il fera entendre la voix des ouvriers.

**Catherine Maheu** (15 ans) : Herscheuse résignée et anémique. Déchirée entre son amour pour Étienne et sa fidélité à Chaval, meurt d'épuisement au fond de la mine.

## LES MINEURS

Trois familles types :

**Les Maheu**, pacifiques, travailleurs, reçoivent les qualifications physiologiques et psychologiques des mineurs du Nord. Autour des parents, vivent le grand-père **Bonnemort** et sept enfants : les trois aînés (**Zacharie, Catherine** et **Jeanlin**) travaillent à la mine.

**Les Levaque**, de moralité douteuse : mari paillard, femme négligée, ménage à trois avec leur « logeur » **Bouteloup ; Philomène** et **Bébert** travaillent à la mine.

**Les Pierron** : protégés par la Compagnie, trahissent leur camp, au grand scandale de la grand-mère, **la Brûlé**. La mère a pour amant **Dansaert.** La fille **Lydie** est herscheuse.

Autres personnages de mineurs :

**La Mouquette**, son père (**Mouque**) et son frère (**Mouquet**).

**Chaval**, mineur célibataire, originaire du Pas-de-Calais.

## LES BOURGEOIS

Trois familles types :

**Les Grégoire**, rentiers, vivent en parasites, inconscients des problèmes des mineurs et en adoration devant leur fille : **Cécile** (18 ans), fiancée à Négrel, est tuée par Bonnemort devenu fou.

**Les Hennebeau**, sans enfant, forment un couple mal assorti : le mari, directeur des mines de Montsou, ingénieur sans fortune, est méprisé par sa femme, qui le trompe avec son propre neveu, **Négrel**.

**Les Deneulin** possèdent une mine où le père, ingénieur, a placé toute sa fortune. Ses filles, **Jeanne** et **Lucie**, au tempérament artiste, tiennent la maison depuis le décès de leur mère.

A l'arrière-plan, les régisseurs de la Compagnie, lointains et puissants.

Autres personnages de bourgeois :

**Dansaert**, le maître-porion.

**Vanderhaghen**, médecin de la Compagnie.

**L'abbé Joire.**

**Maigrat,** l'épicier, connaît une mort horrible.

## LES RÉVOLUTIONNAIRES

Ils représentent quatre grandes tendances :

— le collectivisme : **Étienne**, mécanicien, et son modèle **Pluchart** ;
— le « possibilisme » : **Rasseneur**, cabaretier, ancien mineur ;
— l'anarchisme : **Souvarine**, mécanicien russe d'origine aristocratique ;
— le socialisme chrétien : **l'abbé Ranvier.**

# Résumés et commentaires

## PREMIÈRE PARTIE

### Le cadre spatio-temporel

L'action se passe à Montsou, que Zola a placé près de Marchiennes, dans le pays d'Anzin, où il avait fait un voyage d'études pendant la grève de février 1884.

Elle commence à la fin d'une nuit froide de mars 1866. Le narrateur se contente de préciser l'**heure** et la **saison**, chargées d'une **valeur symbolique** : c'est seulement avec le soleil d'avril que naîtra l'espoir d'une victoire ouvrière, à la fin du roman. Les références à l'expédition du Mexique (1861-1867) et à la crise économique de 1866-1867 dans le premier chapitre, à l'Internationale (fondée en 1864) dans le quatrième, permettent de situer l'action en 1866.

### Un reportage sur la mine

En introduisant un nouveau venu au Voreux, Zola présente les installations et les métiers de la mine : avec Étienne, le lecteur découvre successivement une vision nocturne et inquiétante de la fosse, puis la salle de la recette et les manœuvres de la descente, les galeries, le front de taille, l'écurie au fond de la mine, le criblage. Toute une société hiérarchisée s'active ici, ingénieur et maître-porion, porions, haveurs, moulineurs, herscheuses, galibots, etc. Le danger et la pénibilité du travail ainsi que l'insuffisance de sa rémunération sont signalés par le narrateur, qui prépare le développement de l'action.

### La présentation des personnages et de l'action

Cette première partie permet de constituer une véritable **typologie des mineurs**. La famille type des Maheu, dont *Germinal* raconte le triste destin, comprend le père, travailleur et raisonnable, la mère, tout entière absorbée par le ménage et les sept enfants (les aînés, déjà au travail, les plus jeunes restant à la maison) et le grand-père Bonnemort, usé par cinquante ans de mine, mais toujours à la peine. Les mineurs sont définis par des qualifications générales (ils forment un peuple anémique, voire rachitique, et résigné) et des traits particuliers qui distinguent Maheu (bon ouvrier), Chaval (agressif), Zacharie et Mouquet (noceurs), la Mouquette (impudique). Tous subissent les effets de la promiscuité et vivent sans souci des règles de la morale bourgeoise.

L'**intrigue sociale** va opposer des mineurs habituellement paisibles, Étienne, l'ouvrier « étranger » au tempérament de révolté, et la Compagnie, uniquement soucieuse de ses intérêts dans un contexte de crise économique. L'**intrigue amoureuse** va réunir, autour de Catherine, Chaval et Étienne, déjà en situation de rivalité.

### Le réalisme mythique de Zola

L'imagination visionnaire du narrateur anime les éléments et les machines : le vent de mars roule « un cri de famine », l'horizon nocturne paraît menaçant, le Voreux — au nom évocateur — prend des allures d'ogre, la plaine comme « ensemencée » par la poussière de charbon est promise à d'inquiétantes germinations. Les **monstres mythiques** de la mine et du capital vont subir l'assaut du « troupeau » des mineurs las d'être leur proie et gagnés par la révolte.

## I - CHAPITRE 1

### RESUME

**Une nuit de mars froide et noire, un ouvrier à la recherche de travail quitte la route de Marchiennes à Montsou, attiré par de mystérieux brasiers rouges comme suspendus en l'air. Il découvre alors des bâtiments, fantastiques dans la nuit, et reconnaît bientôt une fosse.**

**S'étant présenté à un vieux charretier, Étienne Lantier s'entend dire qu'il n'y a pas de travail pour un « machineur ». Du haut du terril, le jeune homme, chassé de Lille pour avoir giflé son chef, regarde ce pays hostile où il se sent perdu : la crise économique sévit dans toute la région, un vent de misère traverse la plaine nue.**

Le vieux Bonnemort, qui a survécu à cinquante ans de mine et à trois catastrophes (d'où son surnom), crache du charbon et marche difficilement. Il se raconte au jeune ouvrier, originaire du Midi : la famille des Maheu a enrichi en un siècle de travail et de souffrances la puissante Compagnie des mines de Montsou, dirigée par M. Hennebeau.

Ayant évoqué, comme pris d'« une sorte de peur religieuse », les lointains et mystérieux propriétaires de la mine, le vieux charretier disparaît, laissant Étienne désemparé, dans la nuit glaciale, face à la « bête méchante » du Voreux.

COMMENTAIRE

### Un début sinistre

Le chapitre s'ouvre sur une **vision angoissante** du cadre et de la situation du personnage principal. L'immensité de la plaine nue, comparée à un océan, s'accorde à la « tête vide » du jeune homme qui erre dans les ténèbres. L'ignorance du nouveau venu et les effets de lumière dans la nuit transforment tout de suite la mine en une « apparition fantastique ».

Dans le deuxième mouvement, les **métaphores animales** constituent la fosse en une « bête goulue, accroupie pour manger le monde ». Cette vision subjective est attribuée au jeune homme, alors dans une situation désespérée ; mais, sans cesse reprise dans le roman, elle est caractéristique du style et du tempérament visionnaires du narrateur qui, tout en recourant à des termes techniques, donne à la mine une existence mythique. De son côté, la crise économique prend l'ampleur d'une vraie catastrophe : « Il fallait donc crever de faim ? bientôt les routes seraient pleines de mendiants. » Aussi l'angoisse de l'étranger est-elle entretenue par les informations du mineur : en dominant le pays, il perçoit mieux sa détresse. Étienne, « tourmenté du désir et de la peur de voir », semble hésiter au bord de son avenir dans l'attente d'un oracle, mais le paysage des fours brûlant dans la nuit, « d'une tristesse d'incendie », laisse présager un drame.

### La misère sociale

Elle est déjà là avec le personnage de **Bonnemort**. Son nom, son corps malade envahi de charbon et d'eau, l'histoire de sa famille usée par cent six ans de travail en font l'**incarnation de l'ouvrier exploité** par ceux qui détiennent « des millions et des millions ». Le capital, « dieu repu et accroupi » dans « un tabernacle », participe de la même existence mythjque que la mine puisqu'il est comme elle monstre dévorateur. La relation d'exploitation apparaît ainsi comme quelque chose de primitif et de barbare. La métaphore religieuse traduit en outre l'aliénation des ouvriers qui sacralisent le pouvoir lointain qui les domine.

Dans le dernier paragraphe, sont face à face les deux protagonistes d'un récit mythique : le monstre redoutable et le héros qui va le défier. La réunion finale des différents symboles du chapitre consacre l'atmosphère dramatique : *Germinal* sera bien **une histoire de sang et de mort.**

## I - CHAPITRE 2

### RESUME

**Dans la plaine noire balayée par le vent, le coron est encore endormi. A quatre heures, le coucou sonne chez les Maheu : dans l'unique chambre du logis, Catherine (quinze ans) se lève péniblement, sans déranger ses frères et sœurs : Zacharie (vingt et un.ans), et Jeanlin (onze ans), Lénore (six ans) et Henri (quatre ans), Alzire (neuf ans). Le père et la mère (quarante-deux et trente-neuf ans) dorment dans un cabinet voisin avec la dernière-née, Estelle (trois mois).**

**Catherine, fatiguée du bal de la veille, étire son corps chétif de jeune fille chlorotique puis réveille Zacharie et Jeanlin. Tous trois font leurs ablutions et s'habillent dans la plus grande promiscuité, attentifs aux allées et venues des Levaque, leurs voisins, où la femme a « deux hommes », son mari la nuit et son « logeur » le jour. Ils surveillent aussi la maison de la Pierronne dont le maître-porion Dansaert passe pour l'amant. Vêtue de sa veste et de sa culotte de mineur, les cheveux couverts d'un « béguin », Catherine a maintenant l'allure d'un homme.**

**Pendant que la Maheude se plaint d'être sans le sou et d'avoir à compter sur le crédit de l'épicier Maigrat et la charité des bourgeois pour attendre la paie du samedi, sa fille**

**prépare le maigre repas que vont emporter les mineurs, une double tartine, le « briquet ». Après avoir simplement bu un bol de café « repassé », Maheu, Zacharie, Catherine et Jeanlin rejoignent Levaque, que Bouteloup a déjà remplacé dans le lit de sa femme, et le troupeau des ouvriers marchant vers le Voreux dans le vent glacé.**

COMMENTAIRE

### Un portrait physique et moral des mineurs

La **pauvreté** des mineurs est apparente dans leur logement (chez les Maheu, neuf personnes s'entassent dans deux pièces) et surtout dans leur physique : Catherine, « fluette » et « chlorotique », Zacharie, « maigre, dégingandé », Jeanlin, scrofuleux aux « membres grêles », Alzire, chétive et bossue, Maheu, petit et livide et son père Bonnemort, presque invalide à cinquante-huit ans, appartiennent à une famille et à une classe de meurt-de-faim que la Compagnie exploite depuis un siècle (voir I,1). La propreté du logement, la sagesse du père, le travail des enfants montrent clairement que les mineurs ne sont pas responsables mais bien victimes de cette misère.

Le narrateur insiste sur les **conséquences morales** de cette vie misérable. Certains mineurs sont tentés par « la noce » et tous vivent dans la plus grande promiscuité, les enfants n'ignorant rien de la vie sexuelle des adultes. Les règles de la morale bourgeoise d'un dix-neuvième siècle souvent puritain n'ont pas cours dans ce milieu : le voisin des Maheu, Levaque, accepte de partager sa femme et son lit avec l'ouvrier qu'il loge et garde sous son toit une fille de dix-huit ans, Philomène, que Zacharie a déjà rendue mère par deux fois.

### La crise économique de 1866

Elle constitue le cadre de l'action et explique le dénuement des Maheu. Le buffet est quasiment vide (d'où les démarches de la Maheude dans la deuxième partie) et la pièce nue n'a « d'autres ornements qu'une boîte de carton rose sur le buffet, et que le coucou à cadran peinturluré ». Ces deux objets, dotés d'une valeur marchande et affective, constituent aussi des repères qui permettront d'apprécier la dégradation future de la situation de cette famille type.

## I - CHAPITRE 3

RESUME

Étienne, resté seul, est entré dans les bâtiments du Voreux, dans l'espoir de trouver une place. Il découvre la puissante machine à vapeur et assiste sans bien comprendre à la manœuvre des « machineurs » et des « moulineurs » qui règlent la descente des cages : le puits engloutit en silence des groupes de quarante ouvriers. Pris de malaise, le jeune homme décide de partir sans attendre le maître-porion.

Les Maheu, qui arrivent alors à la fosse, lui confirment qu'il n'y a pas de travail. Dans la salle, la Mouquette, « bonne fille » qui mène une vie très libre, apprend à Maheu la mort d'une de ses herscheuses et celui-ci, dans l'urgence de la situation, envoie sa fille proposer à Étienne d'occuper ce poste de femme. Le jeune homme remercie chaleureusement Catherine, qu'il prend pour un garçon.

Ainsi pris en charge par Maheu, Étienne, serré contre Catherine, doit affronter l'angoisse de la descente vertigineuse dans le puits. A cinq cent cinquante-quatre mètres de fond, une longue marche de deux kilomètres au milieu des rails et des wagonnets les conduit, par des galeries de plus en plus étroites, au front de taille situé dans « l'enfer ». Le nouveau herscheur y arrive épuisé.

L'équipe rejoint Chaval, « un grand maigre de vingt-cinq ans », d'emblée hostile à Étienne. Dans l'activité générale qui anime l'ensemble du puits, Étienne découvre enfin que Catherine est une fille.

COMMENTAIRE

### Zola reporter

Les chapitres 2 à 6 présentent le récit d'**une journée type des mineurs**. C'est pour Zola l'occasion d'informer le public bourgeois et parisien des réalités de la mine, qu'il était allé étudier de près à Anzin en février 1884. Le chapitre 3 décrit ainsi la salle de recette, la manœuvre des cages, la descente vertigineuse à près de six cents mètres sous terre et la marche difficile dans les galeries.

### Zola visionnaire

La métaphore filée du « puits dévorateur », déjà présente dans I,1, est ici développée : la **mine** devient un **monstre** aux « boyaux géants capables de digérer un peuple ». La relation de travail apparaît ainsi comme une relation d'exploitation : le troupeau des mineurs donne sa chair à un puits et à des actionnaires proprement monstrueux.

Une deuxième métaphore évoque « la fourmilière géante », animée par les « insectes humains » perpétuellement exposés à l'écrasement, selon un fantasme typiquement zolien (voir V,2).

Dans les deux cas, cette **animalisation des hommes** peut être lue comme l'expression symbolique d'une violence subie par les mineurs. Elle sera développée dans des scènes ultérieures où la révolte des ouvriers prend des allures sauvages.

### Les relations affectives

Par ailleurs, Zola commence à nouer les fils d'une intrigue amoureuse conçue sur un schéma traditionnel : deux hommes (Étienne et Chaval) vont se disputer une femme (Catherine). L'hostilité immédiate de Chaval pour Étienne annonce leur constante **rivalité**.

En outre, l'**ambivalence** de la relation entre Étienne et Catherine, faite de désir et d'interdit, apparaît dans la maladresse du jeune homme qui se serre contre la jeune fille qu'il a prise pour un garçon et dans la gêne de Catherine, « un peu effrayée » par cette première rencontre.

## I - CHAPITRE 4

RESUME

**Maheu et ses trois haveurs travaillent dans des conditions très difficiles. Couchés dans des veines étroites, souffrant de la chaleur et de l'humidité, ils prennent des risques et, pour avoir leur compte de berlines, négligent le boisage.**

**Pendant ce temps, Catherine, avec beaucoup de patience, initie Étienne au métier de herscheur. Le jeune homme a bien du mal à charger son wagonnet et à le pousser jusqu'à un plan incliné sur des rails mal posés et dans des galeries dan-**

gereuses. Insulté par Chaval, il sent croître sa fatigue et son angoisse, mais la pause de dix heures lui accorde un répit.

Catherine, toujours prévenante et intéressée par Étienne, partage avec lui sa tartine et son café. Ils font davantage connaissance : la jeune fille est stupéfaite d'apprendre qu'Étienne a osé gifler un chef après avoir bu, dans un accès d'agressivité sauvage que son hérédité alcoolique fait naître parfois chez lui. Il lui confie aussi son inquiétude pour sa mère qui vit dans le quartier misérable de la Goutte d'Or, à Paris. De plus en plus séduit par sa compagne, à la fois vierge et peu farouche, il se décide à vaincre sa timidité et à l'embrasser quand Chaval intervient : devant Étienne, il inflige à Catherine un baiser brutal qui apparaît comme « une prise de possession, une sorte de décision jalouse ». Catherine se défend d'être l'amie de Chaval et, pour distraire le jeune homme troublé par cette scène, elle lui montre le grisou s'échappant d'une crevasse.

Les haveurs, tout à leur désir d'accumuler les berlines, ont repris le travail dans une atmosphère de plus en plus irrespirable.

## COMMENTAIRE

### La suite du reportage

Zola décrit avec précision les gestes des ouvriers, source de fatigue mais aussi d'avilissement pour les femmes, exposées au « désir subit du mâle lorsqu'un mineur rencontrait une de ces filles à quatre pattes, les reins en l'air, crevant de ses hanches sa culotte de garçon. » On le voit, le **reporter** se double souvent d'un **moraliste**.

En outre, en signalant les risques d'éboulement et la présence de l'eau et du grisou, le romancier prépare les péripéties ultérieures (voir III, 5 et VII, 3-4).

### Les relations affectives

Elles connaissent un développement essentiel dans ce chapitre qui voit croître, parallèlement, l'hostilité de Chaval pour Étienne et l'amitié amoureuse entre Catherine et le héros. Le lien entre ces deux relations est établi quand Chaval, qui vient de rompre avec la Mouquette, embrasse Catherine à seule fin de l'enlever à Étienne. La jeune fille se trouve ainsi marquée, imprégnée par Chaval, selon une théorie faussement scientifique que Zola a empruntée à Michelet et au docteur Lucas (auteur d'un *Traité philosophique et physiologique de l'hérédité naturelle* — 1847-1850 — qui a inspiré les considérations généalogiques des *Rougon-Macquart*) mais qui devait correspondre à une structure psychique profonde de l'écrivain puisqu'on la trouve illustrée dans de nombreux romans (notamment *Madeleine Férat*, *L'Assommoir* et *La Terre*). Catherine, malgré ses sentiments pour Étienne, est déjà la maîtresse de Chaval. Ainsi se trouve constituée la **situation triangulaire** que Zola a placée au centre de son intrigue amoureuse.

### Le personnage d'Étienne

Zola indique la place qu'il occupe dans la famille des Rougon-Macquart : fils de Gervaise Macquart (*L'Assommoir*), son hérédité alcoolique se manifeste par une rage de tuer quand il a bu. Ce trait « physiologique » justifiera ensuite un épisode dramatique (dans V, 4).

D'autre part, le jeune homme est présenté comme timide avec les femmes, sans réelle expérience de l'amour, « n'ayant eu à Lille que des filles et de l'espèce la plus basse ». Cette qualification, qui l'oppose à la fois au brutal et viril Chaval et à la précocité des mineurs, correspond à un stéréotype idéologique : les personnages de révolutionnaires sont souvent caractérisés par leur **frustration affective et sexuelle**.

Enfin, son tempérament de **révolté**, qui contraste avec la passivité habituelle des mineurs, le prédispose à devenir leur chef.

## I - CHAPITRE 5

RESUME

**Le havage, qui s'effectue dans des schistes peu stables, est ralenti par la nécessité d'étayer les galeries et Zacharie, peu ardent au travail, effectue un boisage sommaire. Les mineurs critiquent les chefs, malgré la peur des mouchards et les conseils de prudence de Maheu.**

**Surviennent justement le maître-porion Dansaert et l'ingénieur Négrel. Celui-ci officialise l'engagement d'Étienne puis, découvrant la mauvaise qualité du boisage, met l'équipe à**

l'amende. Chaval, Levaque et Étienne sont révoltés. L'ingénieur, soucieux de réduire les dépenses de la Compagnie, menace de payer séparément le boisage et de réduire le prix de la berline. La révolte gagne alors Maheu, enragé par la perspective d'une baisse de salaire déguisée, et les ouvriers, écœurés, décident de remonter.

Sur le chemin du retour, Étienne, mal à l'aise avec Catherine et jaloux de Chaval, laisse passer une nouvelle occasion d'embrasser la jeune fille dans les galeries sombres. Elle l'entraîne à dessein jusqu'à l'écurie, où règne une douce chaleur, mais le palefrenier Mouque les chasse et leur reproche de songer aux « saletés ». Revenus à l'accrochage, ils assistent à l'arrivée d'un nouveau cheval, Trompette, accueilli par « le doyen de la mine », Bataille, privé de soleil depuis dix ans.

Malgré leur révolte, les hommes, qui attendent dans le froid, n'osent protester lorsque Négrel et Dansaert prennent leur place et filent vers le jour.

## COMMENTAIRE

### La question des salaires

Les haveurs sont payés au nombre de berlines remplies, ils travaillent dans une taille qui leur a été attribuée lors d'un « marchandage » selon un principe favorable à la Compagnie, puisque ceux qui acceptent le prix le plus bas obtiennent le marché.

Une équipe est défavorisée si la veine qu'elle doit exploiter est d'accès difficile ou plus riche en pierre qu'en charbon. C'est ce qui arrive à Maheu. En outre, ce système conduit les mineurs à négliger le boisage (non payé), d'où les risques d'éboulement et les interventions des cadres pour contraindre les ouvriers à boiser solidement.

### Les graines de la révolte

La composition du chapitre montre le développement du mécontentement chez les mineurs. Alors qu'au début seuls Chaval, Levaque et Zacharie incriminent « les chefs », Maheu, le bon ouvrier, progressivement gagné par la colère, est révolté par l'amende infligée par l'ingénieur pour mauvais boisage et surtout par le **projet de la Compagnie de baisser le prix de la berline**. La colère se propage ensuite dans des esprits jusque-là présentés comme pacifiques et résignés : « Une rébellion germait dans ce coin étroit, à près de six cents mètres sous terre. »

### Les relations affectives

Après la scène du baiser, Catherine, malgré le « regard oblique » de Chaval, donne vainement à Étienne de multiples occasions d'« être aimable ». Mais le **désir** du jeune homme se heurte à une forme d'**interdit** : « L'idée qu'elle était une fille lui causait un malaise, parce qu'il se sentait bête de ne pas l'embrasser, et que le souvenir de l'autre l'en empêchait. » Ces relations ambivalentes, qui dureront jusqu'à la fin du roman (VII,5) où Étienne pourra enfin éliminer Chaval et posséder Catherine, structurent l'intrigue amoureuse de *Germinal*.

## I - CHAPITRE 6

RESUME

Pendant la remontée, Étienne, séparé de Catherine, épuisé et déjà révolté par la condition de mineur, se résout à reprendre la route. Il est confirmé dans cette décision par de nouvelles invectives de Chaval qui vient de découvrir à la recette qu'on leur refuse deux berlines mal remplies. Mais Catherine incite son père à s'occuper d'Étienne. Maheu offre alors au jeune homme de lui trouver du crédit.

Le groupe, en passant devant le criblage, assiste à une violente dispute entre « une vieille sorcière », la Brûlé, mère de la Pierronne, et Philomène Levaque, la maîtresse de Zacharie. Il croise ensuite les ouvriers de la descente de trois heures. Catherine, après un dernier regard, laisse Étienne devant un cabaret.

Dans la petite salle claire et nue, quelques mineurs, taciturnes, boivent une chope après le travail. Rasseneur, ancien haveur congédié par la Compagnie et devenu « le chef des mécontents », s'intéresse vivement au conflit qui risque d'éclater sur la question des salaires. Après avoir d'abord refusé de loger Étienne, il lui propose une chambre quand il constate qu'ils ont une connaissance commune, Pluchart, un militant ouvrier de Lille.

Étienne, resté seul, hésite : l'injustice et la dureté de la situation des mineurs, le paysage hostile de la plaine habitée par l'ogre de la mine le poussent à partir, mais le souvenir des yeux clairs de Catherine et le désir de partager la souffrance et la lutte des mineurs le décident à s'installer à Montsou.

COMMENTAIRE

### La fin du reportage

Ce chapitre décrit la remontée des ouvriers, le criblage effectué par les femmes et le passage obligé au cabaret où Maheu boit une chope simplement « pour balayer les poussières qui lui [obstruent] la gorge ». Nous sommes loin ici de l'alcoolisme des ouvriers de *L'Assommoir* : le romancier tient à définir son **mineur type** comme un **personnage raisonnable** pour mieux poser ensuite les problèmes sociaux.

### Le personnage de Rasseneur

C'est le premier révolutionnaire que présente le roman. Il reçoit des qualifications ambiguës : cet ancien ouvrier modèle renvoyé après une grève semble soucieux d'améliorer le sort des mineurs par des réformes modérées (« Il demandait seulement le possible aux patrons. ») ; mais, devenu l'animateur de la révolte, il vit en petit bourgeois des consommations des mineurs. Sa bonne santé (« Depuis trois ans, [...] je me suis beaucoup refait. ») l'oppose ainsi aux ouvriers. Maheu, d'ailleurs, ne partage pas son « excitation » révolutionnaire.

Mme Rasseneur est plus radicale en politique, conformément à la typologie zolienne des personnages qui associe souvent l'agressivité à la maigreur féminine (voir le comportement de la Brûlé dans V,3 ; V,6 et VI,5).

### L'installation du héros

La fin de la première partie lie à nouveau les deux intrigues, sociale et amoureuse : **Étienne décide de rester à la mine** autant **par amour** de Catherine que **pour se battre** contre « ce dieu repu et accroupi, auquel dix mille affamés donnaient leur chair, sans le connaître ».

## DEUXIÈME PARTIE

Du point de vue de la composition, les deux premières parties constituent un ensemble dans lequel le romancier décrit ses personnages et leur situation tout en nouant les fils de l'intrigue.

### Les structures

Poursuivant sa présentation d'une journée de la vie des mineurs, le narrateur revient au début de ce lundi de mars 1866 pour raconter la matinée de la Maheude (chapitres 2 et 3). Le chapitre 4 opère la jonction avec la fin de la première partie en réunissant **tous les membres de la famille Maheu** après le travail. Il peut alors montrer comment chacun occupe la fin de l'après-midi en insistant sur le besoin de plaisir qui anime les jeunes mais aussi des adultes comme Levaque.

La boucle se ferme au chapitre 5 avec la **réapparition d'Étienne**. Les dernières lignes, en écho au début du roman, donnent une nouvelle vision nocturne de la mine ; mais cette fois Étienne n'est plus l'étranger inquiet de la nuit précédente et son regard, plus neutre, ne souligne guère que la tristesse d'un paysage connu qui sert de cadre à une vie sans joie.

### La satire sociale

Jouant sur des **effets de contraste**, la seconde partie, essentiellement consacrée aux mineurs, achève l'exposition en présentant, de façon critique, les **trois familles bourgeoises** du roman et leurs alliés.

La satire vise surtout les Grégoire, qui digèrent leurs rentes à l'abri de leurs grilles et de leurs principes, l'égoïsme du curé, de Mme Hennebeau et de ses visiteurs parisiens, et la tyrannie qu'exerce l'épicier Maigrat sur les femmes et les filles des mineurs.

Deneulin, propriétaire entreprenant, père de deux filles au tempérament plus artiste que bourgeois, échappe à la charge, de même que M. Hennebeau, à peine entrevu, et dont le personnage est promis à des développements futurs.

Dans l'ensemble, Zola a dressé un tableau accusateur des conditions de vie et de travail imposées aux mineurs.

### L'action

La première partie a déjà jeté les bases d'un conflit social en montrant que les intérêts de la Compagnie et des mineurs sont diamétralement opposés sur la question du boisage et des salaires. La seconde, en insistant sur la résignation traditionnelle des mineurs, symbolisée par la « sagesse » du couple Maheu, laisse présager un développement plus lent de l'action : la révolte des mineurs va mûrir progressivement.

Au plan psychologique, sur un fond de grande liberté sexuelle, présentée comme une conséquence de la promiscuité générale et une compensation à une vie très dure, Zola précise ici la relation qui existe entre Chaval, Catherine et Étienne. A l'hostilité instinctive de Chaval dans la première partie, répond maintenant l'agressivité d'Étienne : bien que l'apparition d'une pulsion de mort chez ce jeune homme timide soit expliquée par son hérédité alcoolique (voir I,4), elle semble plutôt naître du refoulement du désir dans une situation triangulaire où la présence et l'intervention de Chaval frappent d'interdit la relation amoureuse que Catherine et Étienne ont tenté maladroitement d'établir.

## II - CHAPITRE 1

### RESUME

**Ce matin-là, les Grégoire se sont levés à huit heures dans leur propriété de la Piolaine. Mme Grégoire demande à la cuisinière de préparer une brioche pour le petit déjeuner de leur fille : Cécile, dix-huit ans, est le seul luxe de ces rentiers économes. Les ancêtres de M. Grégoire, enrichis par la Révolution et le travail des mineurs, ont accédé à la bourgeoisie ; une seule action, achetée dix mille francs en 1760, rapporte maintenant 40 000 francs. Les Grégoire vouent un véritable culte à ce « denier » qui leur assure une vie de paresse et de gourmandise.**

**Leur cousin, l'ingénieur Deneulin, a plus de soucis : père de deux filles, Jeanne et Lucie, qui donnent libre cours à leur tempérament artiste depuis la mort de leur mère, il a investi tout son capital (un « denier » d'un million de francs, équivalent au capital des Grégoire) dans la modernisation de la fosse de Jean-Bart, héritage de sa femme. La crise actuelle le prive des bénéfices qu'il escomptait et, sous prétexte**

d'une visite d'amitié, il est venu emprunter cent mille francs à son cousin, mais celui-ci lui conseille de vendre plutôt sa concession à la Compagnie, désireuse de supprimer ce qui constitue une enclave dans son domaine. Deneulin rejette catégoriquement cette solution.

La conversation, qui vient d'aborder la question du mariage de Cécile et du neveu de M. Hennebeau, Négrel, est interrompue par l'arrivée de la Maheude et de ses deux enfants.

COMMENTAIRE

## La composition

Dans les deux premières parties, elle produit de nombreux effets de contraste entre les conditions de vie et de travail des mineurs et le bonheur calme et égoïste des rentiers. Elle oppose, par exemple, la cuisine des Grégoire, débordante d'ustensiles et de provisions (II,1) au buffet presque vide des Maheu (I,2), la brioche et le chocolat des Grégoire (II,2) à la poignée de vermicelle cuit à l'eau partagée entre les trois enfants des Maheu (II,2), la jeune bourgeoise, « trop saine, trop bien portante » après une nuit de douze heures (II,1), à la jeune ouvrière « fluette », « blême », qui doit s'arracher au sommeil à quatre heures du matin (I,2). La **confrontation des deux univers** est particulièrement nette dans la dernière phrase de ce chapitre : « La Maheude et ses petits entrèrent, glacés, affamés, saisis d'un effarement peureux, en se voyant dans cette salle où il faisait si chaud, et qui sentait si bon la brioche. »

## Une typologie des bourgeois

Ce chapitre décrit les « actionnaires puissants et riches », représentés par les **six régisseurs** de la Compagnie, lointains, anonymes, mystérieux, despotiques, les **rentiers** qui vivent en parasites, bénéficiant du travail des ouvriers et de la prospérité de la Compagnie, le **petit patron** qui exploite lui-même une fosse et que menace la concentration capitaliste favorisée par la crise. Le personnage du directeur, plus complexe, sera étudié plus loin (voir IV,1).

**Deneulin**, patron entreprenant, n'est pas réduit à une caricature, et le narrateur fait même de lui son porte-parole : c'est lui qui explique l'origine de la crise (« On a trop bâti d'usines, trop construit de voies ferrées, trop immobilisé de capitaux en vue d'une production formidable. »), c'est lui aussi qui condamne les rentiers d'une belle formule : « L'argent que vous gagnent les autres est celui dont on engraisse le plus sûrement. » Le texte insiste, au contraire, sur l'**égoïsme tranquille des Grégoire** qui déguisent leur parasitisme en « sagesse » et se définissent essentiellement par leur rapport à la nourriture et leur respect de la morale. Ainsi M. Grégoire s'indigne-t-il qu'on prête à Négrel et à sa tante des relations amoureuses.

### Une nouvelle situation triangulaire

Autour du « petit Négrel » gravitent une femme d'âge mûr et une jeune fille. Le romancier en tirera des épisodes dramatiques dans les chapitres V,5 et VII,4.

## II - CHAPITRE 2

RESUME

**Vers six heures, le coron s'éveille. Chez les Maheu, la petite Alzire, maternelle, prépare Lénore et Henri, que leur mère va emmener avec elle après les avoir fait déjeuner d'une poignée de vermicelle : le buffet est vide, il s'agit de trouver de quoi nourrir la famille jusqu'au samedi.**

**La Maheude quitte le coron bruissant du bavardage des femmes et traîne ses enfants sur les routes boueuses. Elle arrive à Montsou dont les bâtiments industriels, l'église, les petites maisons de briques et les cinq cents cabarets sont salis d'une fine poussière de charbon. Près de l'hôtel du directeur, l'épicier Maigrat, un ancien surveillant protégé par la Compagnie, exploite la clientèle des mineurs et ouvre des crédits aux femmes et aux filles complaisantes. Ce matin-là, il refuse toute avance à la Maheude, qui lui doit soixante francs depuis deux ans, date de la dernière grève.**

**Sur le chemin de la Piolaine, elle croise l'abbé Joire qui ne s'intéresse pas à sa misère. Une course épuisante de deux kilomètres la conduit devant les molosses qui défendent la maison des Grégoire. Elle se heurte ensuite aux principes stricts des bourgeois : les pauvres ont trop d'enfants, ils boivent, il ne faut jamais leur donner d'argent. Après avoir vai-**

nement essayé d'apitoyer les rentiers pour obtenir une aumône, elle repart de chez eux avec un paquet de vieux vêtements et un reste de brioche à partager entre les sept enfants.

Furieuse, elle retourne chez Maigrat à qui elle arrache des provisions et une pièce de cent sous, mais elle devra lui envoyer Catherine...

COMMENTAIRE

## La composition

Le romancier effectue un nouveau retour en arrière qui lui permet d'opposer le lever de la Maheude, démunie de tout, à celui des Grégoire, qui se prélassent dans leur coin de bonheur bourgeois.

La course de la Maheude du coron à la Piolaine est l'occasion de donner une vue générale de Montsou et un nouvel aperçu des tristes conditions de vie des mineurs victimes de l'hostilité du climat et de l'environnement, de la prolifération des cabarets et du chantage odieux de l'épicier.

Le troisième mouvement du chapitre est encore plus accusateur.

## La satire sociale

Dans leur maison bien close, les Grégoire ignorent tout de la vraie situation des mineurs. L'ironie féroce du narrateur montre que leurs principes et leur « air de devoir » masquent mal leur **égoïsme foncier** : une pauvre femme et deux enfants affamés sortent de « la maison du bon Dieu » avec de vieux vêtements et un petit morceau de brioche... La « belle éducation » rejoint le cynisme d'une Marie-Antoinette répondant en octobre 1789 aux Parisiens venus à Versailles demander du pain : « Qu'ils mangent de la brioche ! ». Nous trouvons là une première référence à un épisode (authentique ou légendaire, qu'importe) de la Révolution française.

L'égoïsme bourgeois ne va pas sans **malthusianisme**. Aussi les Grégoire, parents d'une fille unique qu'ils ont « eue sur le tard », ne peuvent-ils comprendre que pour les mineurs une famille nombreuse est une condition de survie : les enfants, qui travaillent dès onze ans (comme Jeanlin), font « aller la maison », selon l'expression de la Maheude. Dans la conscience bornée des bourgeois, la fécondité des ouvrières devient une tare comparable à l'alcoolisme.

L'indifférence du curé, plus soucieux de sa personne que de ses paroissiens, et le harcèlement sexuel que l'épicier impose à leurs femmes et à leurs filles achèvent de faire des mineurs une catégorie sociale abandonnée de tous, vouée à la misère et à l'humiliation.

Ce chapitre souligne donc la situation insupportable des ouvriers : la famille modèle des Maheu, malgré le travail des enfants et du grand-père, malgré la sobriété du père, qui dément les préjugés des bourgeois, ne peut vivre ni même survivre sans s'endetter.

## II - CHAPITRE 3

**RESUME**

De retour chez elle avec des provisions, la Maheude donne le sein à Estelle pendant qu'Alzire, petite ménagère zélée, fait cuire les pommes de terre du déjeuner.

Elle va rendre ensuite « un moulin de café » à la Pierronne, une brune coquette de vingt-huit ans qui vit dans une relative aisance grâce à la protection de la Compagnie. Toutes deux critiquent la saleté et l'immoralité des Levaque et regrettent que Zacharie se soit « collé » si tôt avec Philomène.

Toutefois, la Maheude, ayant rencontré la Levaque dans la rue au moment où elle sollicitait vainement une visite du médecin de la Compagnie, doit accepter de la suivre dans son logement sale, où la Pierronne fait les frais de la conversation à cause de sa liaison avec Dansaert. Pressée par sa voisine de régulariser la situation de Zacharie et de Philomène, la Maheude remet cela aux beaux jours.

Elle se précipite chez elle, inquiète, en voyant Mme Hennebeau y introduire un couple de visiteurs parisiens. Dans la salle du bas, les bourgeois hypocrites s'extasient devant les bonnes conditions de vie des mineurs.

Dehors, les commérages ont continué : la Levaque et la Pierronne calomnient maintenant la Maheude. Puis, les femmes s'en prennent aux bourgeois en train de monter en calèche et surtout à Mme Hennebeau qu'elles accusent de tromper son mari avec l'ingénieur Négrel.

**Mais les premiers mineurs reviennent du travail et les femmes se hâtent d'aller préparer leur soupe.**

COMMENTAIRE

## Les femmes

Le romancier a pris soin de réunir **trois types de femmes** : autour de **la Maheude**, à qui il attribue les qualifications traditionnelles de la femme du Nord, bonne ménagère, raisonnable mais bavarde, il a disposé symétriquement **la Pierronne**, coquette, hypocrite, qui par ambition a pris pour amant le chef-porion, et **la Levaque** qui vit avec deux hommes et néglige son ménage. Toutes trois ont la passion des commérages, et, selon une permutation circulaire plaisante, chacune est calomniée par les deux autres un instant réunies. L'amitié ne semble pas exister dans ce milieu gâté par la promiscuité ; les « vices » des autres, réels ou supposés, alimentent la conversation des femmes qui, malgré leurs mœurs très relâchées, vivent dans l'obsession de la « propreté ». Le coron apparaît ainsi comme un **foyer de corruption** et les calomnies de la Levaque et la Pierronne accusant Catherine de s'être laissé culbuter par Chaval semblent appeler la scène qui va se dérouler peu après sous les yeux d'un autre témoin : Étienne (voir II,5).

## La critique sociale

Elle frappe ici Mme Hennebeau et le couple de bourgeois parisiens, dont l'hypocrisie est mise à nu. La composition des deux premières parties, qui a permis de décrire les conditions de vie très difficiles des mineurs, souligne le **cynisme des bourgeois** qui, ne voyant que ce que la femme du directeur veut bien leur montrer, déclarent envier le sort des mineurs. Ce passage transpose ironiquement un article du *Figaro* publié le 26 février 1884 pendant la grève d'Anzin. Un certain Georges Grison y affirme que les mineurs vivent bien et que la grève est provoquée par des meneurs qui excitent les foules dans les meetings populaires. Zola, en voyage d'études à Anzin, observait une tout autre réalité et il a dû penser que, comme le « monsieur décoré » qui voit dans les corons « un vrai pays de Cocagne », le journaliste avait visité le pays guidé par une madame Hennebeau.

Celle-ci est particulièrement visée dans ce passage. Le narrateur la compare à « un montreur de bêtes » qui se contente de répéter « des bouts de phrases entendus, sans jamais s'inquiéter davantage de ce peuple d'ouvriers besogneux et souffrant près d'elle ». En outre, l'**immoralité de la femme adultère** accompagne l'égoïsme de la bourgeoise : Mme Hennebeau, d'une façon plus hypocrite et plus odieuse que la Mouquette dans le chapitre V,5, « tourne son derrière, avec l'air de [...] mépriser » les femmes des mineurs.

## II - CHAPITRE 4

RESUME

Maheu rentre chez lui, heureux de voir que sa femme a trouvé de quoi nourrir toute la famille. Devant le feu, Catherine, puis Zacharie et Jeanlin se lavent comme tous les jours, nus dans un baquet, sans se soucier du regard des autres, pendant que le père partage la fin d'un maigre repas avec Lénore et Henri. Aussitôt habillés, Zacharie et Jeanlin sortent, la Maheude chargeant le plus jeune de rapporter une salade de pissenlits pour le soir.

Resté seul en bas avec sa femme et le bébé, Maheu se lave longuement, aidé par la Maheude qui lui raconte sa matinée. La toilette s'achève par une brève étreinte : les parents prennent leur plaisir devant Estelle, pendant que Catherine se prépare dans la chambre. En buvant son café, Maheu informe sa femme du conflit avec l'ingénieur sur la question du boisage puis écoute ses conseils de modération.

Catherine redescend, après s'être prudemment annoncée, et paraît en robe des dimanches : elle va emprunter dix sous à la Mouquette pour acheter un ruban. Sa mère lui recommande de ne pas se rendre chez Maigrat. Maheu travaille dans son jardin, sans suivre Levaque qui veut l'entraîner au cabaret, ne se distrayant de sa tâche que pour plaisanter un instant avec la Pierronne.

La nuit tombée, les Maheu s'attablent pour manger la ratatouille du soir, fâchés que leurs enfants ne soient pas encore rentrés. Mais c'est surtout le retard de Jeanlin qui chagrine la Maheude : il faudra se passer de salade.

COMMENTAIRE

Ce chapitre achève de poser les Maheu comme une famille type, Zola y plaçant beaucoup de détails de la vie quotidienne des mineurs telle qu'il avait pu l'observer au cours de son voyage à Anzin.

## Des ouvriers calmes

Les Maheu apparaissent comme raisonnables, peu enclins à la révolte (celle du père, après l'incident avec Négrel, est vite oubliée — voir I,5 et 6), pour ne pas dire résignés. La **soumission au pouvoir de la Compagnie** est pour eux une forme de sagesse. L'insistance du texte à leur attribuer cette qualification (déjà présente dans les chapitres I,2 ; I,3 ; I,4 ; I,5 ; I,6 et II,2) révèle sa volonté de bien préciser le caractère pacifique du mineur moyen. Sa rébellion ultérieure n'en semblera que plus violente et, peut-être, plus justifiée.

La **sagesse de Maheu** se lit aussi dans son refus d'aller à l'estaminet et dans les soins qu'il prodigue à son jardin pour nourrir sa famille. La double tentation de l'alcool et de la fainéantise est constamment refusée ; seuls quelques mineurs (Zacharie, Mouquet, Levaque) sont présentés comme des « noceurs ».

## L'importance de la sexualité

Elle apparaît dans leurs actions (c'est le « dessert » habituel, après la journée de travail et un repas réduit à une soupe) comme dans leurs paroles (Maheu n'a pas peur des mots crus qui « chatouillent » la Pierronne) et contribue aussi à faire des Maheu une famille type. Les enfants jouissent d'une liberté précoce, fruit de la promiscuité imposée par un logement trop petit mais aussi d'une négligence coupable des parents : « L'embêtant, c'est la salade ! », s'exclame naïvement la Maheude en constatant que Jeanlin n'est pas rentré avant la nuit.

Encore une fois, le romancier naturaliste, tout en communiquant à ses lecteurs les observations d'une enquête presque ethnologique, conserve certains principes de la **morale bourgeoise** de son temps : le discrédit jeté sur la sexualité transparaît ainsi dans l'évocation dépréciative des enfants (« Toute la marmaille traînait, c'était un grouillement de petits êtres piaulant, se roulant, se battant. »). Le narrateur, sur ce point, est-il si différent de M. Grégoire, qu'il a pourtant habilement caricaturé dans les deux premiers chapitres ?

## II - CHAPITRE 5

**RESUME**

Au crépuscule, « d'une tristesse blafarde et morte d'ensevelissement », Étienne, en proie à un malaise après quelques heures d'un sommeil peu réparateur, sort prendre l'air. Marchant devant lui au hasard pour secouer sa fièvre, il surprend plusieurs petites scènes.

La Brûlé, enragée contre la Compagnie depuis la mort de son mari à la mine, reproche violemment à son gendre Pierron sa couardise devant les chefs.

Pour aller rejoindre Mouquet au cabaret, Zacharie extorque trente sous à Philomène en lui promettant de l'épouser bientôt.

Jeanlin, après avoir cueilli des pissenlits avec Lydie Pierron et Bébert Levaque, les a fait vendre par la fillette chez les bourgeois de Montsou. Despotique, il empoche la plus grande partie de l'argent, malgré les protestations de Bébert, et dédommage Lydie en prodiguant à « sa petite femme » des caresses précoces que seul leur jeune âge empêche d'aboutir.

Autour de la fosse abandonnée de Réquillart, les herscheuses et leurs galants font l'amour « sous le coup de fouet de l'instinct ». Le père Mouque, qui est le gardien du puits, habitué à ces ébats, les regarde d'un œil compréhensif, en compagnie de Bonnemort.

Étienne, irrité par cette fécondité des meurt-de-faim, assiste, en voyeur, à la première culbute d'une jeune fille qu'un gaillard renverse sans ménagement sur de vieux cordages. Il reconnaît ensuite Catherine, que Chaval a achevé de séduire en lui achetant un ruban chez Maigrat.

Furieux de « se la laisser prendre sous le nez », méprisant Catherine et prêt à tuer Chaval, il les suit jusqu'au coron et ne regagne sa chambre que vers neuf heures, accablé, après avoir observé une nouvelle fois la plaine noyée de nuit et de pluie.

## Les plaisirs de mineurs

Le reportage du romancier naturaliste sur une journée de la vie des mineurs s'achève ici avec l'évocation de leurs loisirs après le travail. Certains se sont hâtés de quitter le coron pour s'offrir les joies coûteuses du cabaret (comme Mouquet et Zacharie, déjà las de Philomène), mais la plupart des jeunes s'adonnent aux plaisirs gratuits de l'amour.

S'agit-il vraiment d'amour ? Coup de désir du mâle que la femme subit passivement (comme Catherine) quand elle ne peut l'éviter (comme Philomène), « jeux de petits chiens vicieux » chez des enfants précoces (Jeanlin et Lydie), fatalité de la misère selon Étienne ou « revanche de la création », « libre amour » et animalités joyeuses des « choses de la nature », les relations amoureuses, généralement réduites à la sexualité, sont l'objet de **descriptions ambiguës** qui expriment, chez le narrateur, le **malaise** autant que l'**admiration**.

## Deux situations triangulaires

Le triangle **Chaval-Catherine-Étienne** est définitivement constitué. Chaval, après avoir symboliquement pris possession de la jeune fille en l'embrassant devant Étienne (voir I,4), la possède physiquement et toujours devant le jeune homme que le « hasard » a conduit là. Or, si Catherine cède « avec cette soumission héréditaire, qui, dès l'enfance, culbutait en plein vent les filles de sa race », c'est pourtant à Étienne qu'elle pense (« L'ombre d'un autre homme, du garçon entrevu le matin, passait dans le noir de ses paupières closes. »). Ainsi, le désir réciproque que Catherine et Étienne éprouvent l'un pour l'autre ne peut se satisfaire du fait de l'intervention brutale de Chaval.

Curieusement, une relation comparable réunit les trois enfants précoces : **Jeanlin**, aussi brutal que Chaval, s'est approprié **Lydie** qu'il caresse sous les yeux de **Bébert**. Celui-ci, « travaillé de colère et de malaise », n'a pas le droit de « tâter de Lydie. »

Cette similitude n'est pas non plus le fruit du hasard. Les deux relations triangulaires renvoient à une **même structure psychique** que l'on peut repérer dans de nombreux épisodes du roman.

## TROISIÈME PARTIE

### Le cadre temporel

Dans les deux premières parties, le choix d'un rythme lent a permis au romancier de décrire les conditions de vie et de travail des mineurs dans le cadre restreint d'une journée, tout en nouant l'intrigue. La troisième partie couvre plusieurs mois, **de mars à novembre 1866**, de façon à analyser l'évolution des personnages et de leur situation : il s'agit maintenant de montrer le **développement de l'action**.

### L'intégration du héros

D'abord confronté à un milieu qui lui était étranger, Étienne s'intègre rapidement. Bon ouvrier, devenu haveur et logeant chez les Maheu, il serait en voie d'assimilation complète si deux qualifications essentielles ne maintenaient sa différence : d'une part, son **ambition** qui fait de lui « un demi-monsieur » se développe sur la base d'une répugnance pour la misère matérielle et morale des mineurs, d'une sensibilité plus vive et d'un début d'instruction. Tout naturellement, il devient le « chef » du coron. D'autre part, sa **chasteté** le rapproche de la figure solitaire de Souvarine et l'oppose aux autres ouvriers. Il déclare ainsi à Chaval le soir de la Ducasse : « Moi, pour la justice, je donnerais tout, la boisson et les filles » (voir III,2), la boisson et les filles qui sont précisément les seuls plaisirs des mineurs.

### Les personnages de révolutionnaires

Ils sont maintenant mis en place, selon une typologie habituelle chez Zola. Si le naturaliste, soucieux de vérité historique, distingue l'**anarchiste**, le **collectiviste** et le **réformiste** (voir le commentaire de IV,4), le texte, en fait, classe ces personnages d'après des critères psychologiques et moraux.

Le réformiste **Rasseneur**, « homme gras, nourri de bière », doublement intéressé, par son goût de la popularité et son sens des affaires, est ainsi disqualifié. Son différend avec Étienne repose moins sur des divergences politiques que sur « une jalousie secrète, aggravée par la désertion de son débit, où les ouvriers du Voreux entraient moins boire et l'écouter ». Le narrateur le dote en outre d'un manque de discernement qui contraste avec la lucidité de Souvarine.

L'anarchiste **Souvarine** est un personnage pur, intelligent mais effrayant. Il semble avoir refoulé toute trace de sensibilité et de sensualité, cette dernière s'exprimant malgré tout dans les étranges rapports de l'homme et d'une lapine « toujours pleine ». Dépourvu de tout intérêt personnel, il a sacrifié sa vie à ses idées.

Par ses qualifications, **Étienne**, le collectiviste, participe des deux types précédents : comme Souvarine, il est chaste (mais non sans désirs) et instruit (mais d'une science très approximative) ; comme Rasseneur, il aime diriger les autres et tire profit, par ses émoluments de secrétaire, de sa supériorité sur les mineurs.

Les trois théoriciens de la révolution ont en commun leur **position de déclassés :** dans la vision idéologique de Zola, le révolutionnaire ressemble aux bourgeois autant qu'aux ouvriers.

### Le recours à la grève

En présentant la dégradation constante de la situation de la famille type des Maheu, Zola montre clairement que ces ouvriers pacifiques sont acculés à la grève par les manœuvres de la Compagnie. Les problèmes personnels des Maheu (départ de Zacharie et de Catherine, infirmité de Bonnemort et de Jeanlin), qui contribuent à les aigrir, sont encore la conséquence des conditions de vie et de travail que la Compagnie leur impose. Par ailleurs, les espoirs naïfs qu'éveillent les rêves utopiques d'Étienne favorisent le déclenchement de l'action.

Ainsi, avant même le début du conflit, le narrateur laisse présager des péripéties dramatiques : agissant sous l'effet de la colère, séduits par un discours politique mystificateur (la métaphore filée qui compare les Maheu aux premiers chrétiens est révélatrice dans III,3), les mineurs se préparent de cruelles désillusions.

## III - CHAPITRE 1

RESUME

**Au cours des semaines suivantes, Étienne s'habitue à son travail. Sa petite taille et son endurance font de lui un bon herscheur, apprécié de Maheu qui le charge souvent du boisage. Bien accepté par tous, le jeune homme a pourtant des relations ambiguës avec Chaval et Catherine, qui forment**

maintenant un couple reconnu. Les beaux jours venus, pour éviter de surprendre leurs ébats amoureux au bord des chemins, Étienne préfère ne pas quitter le cabaret de Rasseneur.

Il y a fait la connaissance du mystérieux Souvarine, un réfugié politique qui a dû quitter la Russie après un attentat manqué contre l'empereur. Cet aristocrate devenu « machineur » au Voreux mène une vie sobre de travailleur modèle. Totalement chaste, il n'a d'autre plaisir que de caresser une grosse lapine vivant en liberté dans la maison de Rasseneur.

Étienne est en relation avec son ancien contremaître, Pluchart, maintenant secrétaire départemental de l'Internationale. Il envisage de créer à Montsou une section de cette organisation et une caisse de prévoyance dans la perspective d'un prochain conflit. Mais, si Étienne et Rasseneur rêvent de justice sociale, Souvarine croit à la fatalité de la misère ouvrière tant que ce monde pourri n'aura pas été détruit par le fer et le feu.

En juillet, Maheu propose à Étienne une place de haveur dans son équipe. Sous la menace du chômage, les mineurs doivent accepter de mauvaises conditions de travail et de rémunération. Le mécontentement des mineurs s'accroît et la révolte d'Étienne commence à gagner Maheu.

COMMENTAIRE

## Le développement de l'action

Ces quatre mois, de mars à juillet 1866, voient la **montée du mécontentement ouvrier**, favorisée par la vie chère, la menace d'une baisse des salaires et des enchères désastreuses. Fait significatif, le sentiment de révolte gagne un ouvrier calme et résigné comme Maheu, peu enclin à s'emporter comme Chaval ou à rêver de révolution comme Étienne.

## Les révolutionnaires

Ce chapitre est le premier qui aborde les **questions politiques**.

Tout d'abord, il présente un nouveau personnage de révolutionnaire : l'anarchiste Souvarine. Depuis l'attentat contre le tsar Alexandre II en

1881, **l'anarchiste russe** constituait une figure à la mode en France. Zola l'a reprise, sans respect exagéré pour la chronologie. Souvarine reçoit des qualifications habituelles : aristocrate déclassé par « passion socialiste », instruit mais dogmatique, anarchiste mais ouvrier modèle, beau garçon mais avec « un air de fille » et refoulant sa sexualité dans un milieu où les filles sont faciles, le personnage, riche en contradictions et en mystère, tranche vivement sur l'uniformité ambiante où il met une note de grandeur sauvage. Il est aussi le porte-parole du narrateur quand il expose la « loi d'airain » des salaires selon laquelle toute revendication salariale est vouée à l'échec.

A côté de lui, Étienne fait figure d'ignorant, mais son éducation politique commence et il se distingue déjà de Rasseneur par son souci d'organiser la lutte dans une perspective révolutionnaire.

### L'Internationale

Ce chapitre fait référence à un événement historique marquant dans l'histoire du mouvement ouvrier européen : la création à Londres, en **1864**, sous l'égide de **Karl Marx**, de l'Association internationale des travailleurs. Cette **première Internationale** devait disparaître en 1876, minée par les conflits entre marxistes et anarchistes. Elle est présentée ici comme animée par des hommes à la fois idéalistes (« Avant six mois, on aurait conquis la terre ») et capables, comme Pluchart, d'embrigader les ouvriers par une propagande calculée.

Ainsi, tout en cherchant à faire partager son émotion devant le sort que la bourgeoisie réserve aux mineurs, Zola ne cache pas, dans ce passage, sa **méfiance** devant les idées politiques d'une classe ouvrière en voie de structuration.

## III - CHAPITRE 2

RESUME

**Le dernier dimanche de juillet, jour de la Ducasse et lendemain de paie, les mineurs s'offrent le luxe d'un lapin. Le ventre plein, on se disperse, chacun songeant à son plaisir.**

**Maheu va retrouver Levaque chez Rasseneur où Étienne, insensible aux avances de la Mouquette, lui fait accepter l'idée d'une association mutuelle de secours. Le jeune**

homme poursuit son entreprise de persuasion dans les différents estaminets. Il doit suivre Levaque jusqu'au « Volcan », qui offre des filles à dix sous aux jeunes et aux maris paillards, pour obtenir un vague consentement.

Pendant ce temps, Chaval promène galamment Catherine d'un divertissement à un autre. A « La Tête-Coupée », ils assistent à un concours de pinsons. Zacharie se querelle avec un cloutier qui importune sa sœur sans que Chaval s'en émeuve.

Le soir, le bal du « Bon-Joyeux », chez la veuve Désir, réunit une masse de danseurs frénétiques. Les mères y viennent avec leurs enfants. En chemin, la Maheude a dû enfin céder aux demandes de la Levaque et accepter le mariage de Zacharie et Philomène. Elle tolère aussi la liaison de Catherine et Chaval : n'étant pas encore nubile, sa fille ne risque pas de ramener d'enfants à la maison. Maheu propose alors à Étienne, qui tentait vainement d'endoctriner Pierron, de loger chez lui après le mariage de son fils. Cet arrangement satisfait tout le monde et les danseurs se déchaînent, ivres de bière et de désir, avant d'aller s'ébattre dans les blés. A la nuit noire, à moitié endormi, on regagne les corons.

Chez Rasseneur, Étienne continue sa propagande. L'alcool aidant, il convainc Chaval d'adhérer à son association mutuelle qui doit permettre de « balayer les bourgeois. »

COMMENTAIRE

## Les distractions des mineurs

Zola a réuni dans ce chapitre la description d'un dimanche type et celle de la fête de la Ducasse. Le roman, prenant ainsi des allures d'**enquête ethnologique**, énumère les différents divertissements des mineurs : jeux de quilles et de billard, café-concert servant de façade à une prostitution sordide, combats de coqs, concours de pinsons. La séquence culmine avec l'évocation du bal populaire, où les danseurs donnent libre cours à leur soif de plaisir dans une atmosphère de kermesse flamande (voir ci-dessous).

L'observateur se double d'un **moraliste** pour souligner la grande liberté de mœurs qui pousse les mineurs vers l'alcool, essentiellement la bière mais aussi le genièvre, et vers « l'ordure », « le rebut des filles publiques de Lille ». Il voit dans cette atmosphère dissolue une source d'avilissement, non seulement pour les noceurs comme Levaque mais aussi pour Jeanlin, Bébert et Lydie, corrompus dès l'enfance, et que l'on voit voler et boire une bouteille de genièvre.

### Les relations affectives

Elles passent ici au second plan. Le mariage de Zacharie et de Philomène, régularisation d'une liaison ancienne où l'amour n'existe plus, relève de la farce et le jeune homme éclate de rire en apprenant qu'il a été décidé précisément pendant qu'il était avec une fille du « Volcan ». C'est l'intérêt de la Levaque, désireuse de se débarrasser des deux enfants de sa fille, qui a prévalu en la circonstance.

De leur côté, les Maheu, privés du salaire de leur fils, songent immédiatement à la pension que pourrait leur payer un « logeur ». Le romancier se donne ainsi les moyens de développer l'**intrigue sociale** (les Maheu, gens pacifiques, seront sous l'influence de leur pensionnaire, qui rêve de révolution) et de nouer davantage l'**intrigue amoureuse** en réunissant Catherine et Étienne.

### Le portrait du révolutionnaire

Les dernières phrases du chapitre évoquent la **réserve d'Étienne vis-à-vis des femmes**. Contrairement à Levaque ou Chaval, coureurs de jupons et tout juste capables de révoltes éphémères, le jeune homme n'a le cœur « chauffé » que par ses projets politiques. Selon une conception fréquente dans l'œuvre romanesque de Zola, le révolutionnaire, peu porté sur les plaisirs, constitue une figure d'impuissant et son activité de meneur ou de penseur correspond à une **sublimation des désirs refoulés** (voir, par exemple, les personnages de Florent dans *Le Ventre de Paris*, Maurice dans *La Débâcle* et, bien sûr, Souvarine dans *Germinal*). Inversement, la virilité et le goût du plaisir sont le signe que les idées politiques d'un personnage ne constituent qu'un masque : c'est le cas du père d'Étienne dans *L'Assommoir*.

### La foule en fête

Deux paragraphes typiquement zoliens la décrivent. Chez **la veuve Désir**, au nom significatif, le plaisir est roi et les danseurs s'y abandonnent dans une sorte de frénésie collective. Confondus dans une joyeuse uniformité, une masse de hanches, de gorges, de panses, de visages rouges aux bouches « fendues jusqu'aux oreilles », ils donnent une nouvelle image de la foule, bien différente de celle du troupeau des travailleurs marchant vers le Voreux. Les **métaphores animales** (les danseurs « fumaient comme des chevaux »), les hyperboles (« Les mères [...] sortaient des mamelles longues et blondes comme des sacs d'avoine »), le vocabulaire du débordement et de la folie (« C'était une mer montante de bière, les tonnes de la veuve Désir éventrées, la bière arrondissant les panses, coulant de partout, du nez, des yeux et d'ailleurs »), le réalisme des détails enfin, définissent un être unique, jouissant d'une **vie primitive** et intense, sans retenue dans le plaisir comme, bientôt, il sera « lâché » dans la violence.

Le texte donne donc une vision ambiguë de la joie des mineurs que caractérisent, d'une part leur **gaieté bon enfant**, leur naturel (« Un souffle ardent sortait des blés mûrs »), d'autre part leurs **débordements coupables.**

## III - CHAPITRE 3

**RESUME**

Depuis le milieu du mois d'août, Étienne est en pension chez les Maheu. Ayant remplacé Zacharie, il vit près de Catherine, dans une intimité forcée qui engendre chez eux à la fois le désir et la honte. Mieux soigné que chez Rasseneur, le jeune homme apprécie cette vie familiale.

Conscient de son ignorance politique, il se documente auprès de Pluchart et alimente par des lectures mal digérées ses rêves de révolution pacifique. Supportant mal les conditions de vie des mineurs, il montre aux Maheu l'injustice qui leur est faite au cours de nombreuses causeries après le repas du soir. Ceux-ci, désespérés par une telle analyse de leur misère et dépourvus d'idéal religieux, sortent peu à peu de leur résignation habituelle et se laissent aller, eux aussi, à des rêveries utopiques. Ils goûtent ainsi, le temps d'une courte veillée, un bonheur illusoire qui leur fait paraître plus dure encore leur véritable situation.

L'influence d'Étienne, qui vit en garçon rangé et instruit, s'étend à tout le coron. Il satisfait sa vanité en dirigeant l'association mutuelle qu'il a créée et en acquérant, grâce à ses petits émoluments de secrétaire, des habits de bourgeois. Sa combativité est ainsi accrue par son ambition.

Une nuit d'octobre, après une discussion politique passionnée, il éprouve pour Catherine un « gros désir », qu'il devine réciproque. Il ne va pourtant pas la rejoindre dans son lit, pas plus qu'elle ne lui fait signe, des répugnances inexplicables leur interdisant de s'aimer.

COMMENTAIRE

## L'embourgeoisement du révolutionnaire

Inférieur aux bourgeois par son ignorance et sa position sociale, mais supérieur aux mineurs par son début d'instruction, sa sensibilité, son tempérament combatif, Étienne appartient à la catégorie des déclassés, comme Souvarine, l'aristocrate ouvrier, et comme Rasseneur, l'ancien mineur reconverti en commercant petit bourgeois. Son ambition, son dégoût devant le mode de vie et les mœurs des mineurs, ses prétentions à l'élégance, la finesse même de son corps, font de lui un bourgeois. En outre, ayant acquis un pouvoir sur ses camarades, il « s'écoute parler » : dans ce **dédoublement du personnage**, on perçoit les conflits futurs entre le dirigeant et la masse ouvrière, deux entités qui, selon ce passage, n'ont pas vraiment d'intérêt commun.

## L'habileté du meneur

Le texte insiste à la fois sur la naïveté, voire la mauvaise foi, et l'habileté d'Étienne. Il sait diriger la conversation, flattant les désirs des ouvriers et « ne craignant pas, devant des ignorants, de se lancer dans des explications où il se perdait lui-même ». Les interventions du narrateur et l'utilisation du **style indirect libre** pour rapporter les discours d'Étienne contribuent à tenir à distance le personnage du révolutionnaire, dont l'activité consiste d'abord à séduire son auditoire.

Les mineurs, fascinés par l'orateur, sont aussi dévalorisés, notamment par l'emploi de la métaphore filée des premiers chrétiens qui dénote leur **crédulité**. Mais cette crédulité les met en position de victimes du meneur et de la misère qui les incitent à rêver de ce qui leur manque pour avoir une vie décente.

Ainsi se constitue le **couple idéologique** du **meneur** et des **menés**, qui va structurer, pour une large part, l'intrigue sociale du roman.

### Les métamorphoses du désir

Ce chapitre confirme la nature particulière de la relation affective entre Étienne et Catherine.

Tout d'abord, le texte établit un lien entre le **désir** et la **discussion politique**, qui laisse Étienne « fiévreux » et Catherine « toute secouée ». Cette correspondance entre deux domaines a priori aussi différents confirme notre analyse sur le caractère profondément sensuel de l'activité révolutionnaire.

Par ailleurs, la pudeur inhabituelle de la jeune fille et la timidité excessive d'Étienne sont la marque d'un fort sentiment de **culpabilité**. Catherine est « comme morte » pendant cette scène, c'est dire qu'un **interdit** pèse sur cet amour, qui ne peut être vécu que dans l'angoisse.

## III - CHAPITRE 4

RESUME

**Un samedi de la fin d'octobre, les Maheu attendent la paie avec beaucoup d'inquiétude : la Compagnie a imposé plusieurs jours de chômage aux ouvriers et ne verse pas encore de pension au père Bonnemort, paralysé depuis dix jours.**

**Chez Rasseneur, la perspective d'un prochain conflit provoque des discussions. Souvarine explique qu'une grève arrangerait la Compagnie, désireuse d'écouler ses stocks de charbon, qui se sont accumulés avec la crise, et de vider la caisse de prévoyance de ses ouvriers. Le cabaretier, jaloux de sa popularité, s'oppose à Étienne, favorable à la grève dans laquelle Pluchart voit l'occasion de faire adhérer les mineurs à l'Internationale. L'anarchiste, lui, estime que la grève n'est pas un moyen de destruction assez radical.**

**Aux Chantiers, une affiche de la Compagnie annonce aux mineurs un nouveau mode de rémunération qui intègre le boisage mais constitue une baisse de salaire déguisée. La colère**

de Maheu s'accroît quand, après lui avoir payé une maigre quinzaine, on lui conseille de se séparer d'Étienne s'il veut toucher la pension de son père.

Le mécontentement gagne tous les mineurs, puis leurs femmes, peu disposées à supporter de nouvelles privations quand les Hennebeau étalent un luxe insolent.

Le soir même, Rasseneur, Souvarine et Étienne s'accordent pour décider la grève.

COMMENTAIRE

### Les raisons de la grève

Zola, en montrant que la patience des mineurs est poussée à bout, rappelle que le conflit va s'engager plus pour des **raisons de fond** que par l'effet de la propagande d'Étienne. La grève sera une **révolte contre la misère** que la Compagnie impose froidement à ses ouvriers pour supporter à leurs dépens la récession économique. Il y a là une nouvelle dénonciation de l'égoïsme de la bourgeoisie (symbolisé par l'attitude des Hennebeau qui envoient leur bonne chercher du poisson jusqu'à Marchiennes, alors que les Maheu n'ont pas mangé de viande depuis longtemps) et de l'injustice dont souffrent les mineurs.

### Le rapport des forces

Il est favorable à la Compagnie. Celle-ci, loin de redouter la grève, la provoque pour mieux passer le cap de la crise. Ce sera pour elle le moyen d'écouler des stocks pléthoriques, d'économiser les dépenses salariales pendant le conflit et d'imposer un nouveau mode de rétribution plus avantageux pour elle.

Comme l'annoncent, plus ou moins cyniquement, Souvarine et Pluchart, les mineurs n'en retireront qu'une misère plus grande. Zola prend soin, ainsi, de préparer le dénouement.

### Les révolutionnaires

Le goût de la réflexion politique les distingue de la masse des mineurs, qui oscille sans cesse entre les deux tendances opposées de la résignation et de la révolte. Il faut noter que le narrateur attribue à l'**anarchiste** (peut-être du fait de son origine aristocratique) une **capacité d'analyse** qui lui permet d'être son porte-parole : c'est Souvarine qui a exposé la « loi d'airain » des salaires (voir III,1), c'est lui encore qui révèle dans ce chapitre les calculs de la Compagnie, qui tend aux mineurs le piège d'une grève épuisante. Ce personnage — le seul, par ailleurs, à être **désintéressé** et à ne pas ambitionner, comme Étienne et Rasseneur, la position de dirigeant ouvrier — reçoit ainsi une qualification positive qui mérite un commentaire : il semble que dans l'univers de Zola, le peuple, réduit à la foule, soit condamné à l'aveuglement que donnent l'ignorance ou les rêves utopiques. La lumière vient d'un représentant des classes dirigeantes.

## III - CHAPITRE 5

RESUME

Une semaine plus tard, dans une veine difficile gorgée d'eau et de grisou, Jeanlin, qui travaillait au roulage avec Bébert, est enseveli sous un éboulement. Tous les mineurs se mettent au travail et dégagent bientôt le cadavre d'un haveur, père de trois enfants, puis Jeanlin évanoui.

A la surface, le médecin examine le corps malingre de l'enfant, blessé aux jambes. Un cortège ramène le mort et le petit blessé au coron où les femmes, déjà alertées, attendent dans l'angoisse. La Maheude croit d'abord à la mort de son mari, puis, découvrant son fils estropié, se lamente d'avoir un infirme de plus à nourrir. Ce soir-là, un morne silence pèse sur le coron.

Jeanlin échappe à l'amputation mais reste boiteux. Les Maheu reçoivent un secours de cinquante francs et la promesse d'un emploi au jour pour le petit infirme. Leur situation se dégrade encore quand, dans les derniers jours de novembre, Catherine quitte la maison : pour faire cesser les scènes de jalousie de Chaval, elle a dû accepter de vivre avec lui, privant du même coup sa famille de son salaire. La Maheude se désespère : comment nourrir sept personnes avec la seule paie du père ?

Étienne est maintenant déterminé à agir.

**COMMENTAIRE**

## Un fait divers accusateur

Cet éboulement a été préparé de longue main par les considérations sur le boisage et l'instabilité du terrain. La volonté du romancier d'émouvoir son public est visible dans le choix des victimes : un bon ouvrier qui laisse une femme en couches et trois enfants, et un gamin déjà maladif qui incarne la souffrance des mineurs usés par la mine. Jeanlin a été caractérisé jusque-là — et au début de ce chapitre encore — par sa laideur physique et morale, mais, dans l'évocation de l'**enfance martyre**, Zola trouve des mots et des accents poignants : « C'était une pitié, cette dégénérescence dernière d'une race de misérables, ce rien du tout souffrant, à demi broyé par l'écrasement des roches. » La question du regard que le narrateur porte sur les enfants sera approfondie dans le commentaire du chapitre IV,6.

## Un tournant de l'action

Cet accident, qui affecte la famille type des Maheu, constitue une articulation importante de l'action. Les trois premières parties du roman ont présenté la situation difficile des mineurs et le contexte dans lequel se situe le conflit social. *Germinal* va maintenant se poursuivre par le **récit de la grève**, qui apparaît donc comme la **résultante de plusieurs facteurs** : la Compagnie la provoque habilement pour faire face à la crise (voir III,4) ; l'arrivée d'Étienne, personnage au tempérament de révolté, stimule la combativité des mineurs, que le « hasard » de l'éboulement conduit à préparer activement la lutte.

## La mentalité des mineurs

Non dépourvus de qualités humaines, puisque leur solidarité dans le malheur est totale (pendant les opérations de sauvetage, Chaval travaille à côté d'Étienne et de Maheu), ils semblent envisager les **relations entre parents et enfants** du seul point de vue du **profit** : ainsi la Maheude accepte facilement la précocité sexuelle de Zacharie et Catherine, choquée seulement de leur départ qui la prive de deux salaires. De même, l'infirmité de Jeanlin, qui risque de faire de son fils une personne à charge, lui paraît plus grave que sa mort. Et en effet *Germinal* montre que telle est la précarité du sort des mineurs qu'ils comptent nécessairement sur le travail de leurs enfants pour survivre. Un enfant, dès dix ans, doit « rapporter », faire « aller la maison », comme le disait déjà la Maheude aux bourgeois pétris de principes égoïstes (voir II,2). Cette **dégénérescence des sentiments** des mineurs, plus que celle des corps, révèle les tares d'une société profondément inégalitaire.

## QUATRIÈME PARTIE

La quatrième partie raconte le **premier mois de grève** en montrant comment les mineurs, mobilisés sur des bases purement syndicales (la question des salaires, que Maheu expose très bien devant le directeur — voir IV,2), s'engagent, dans la plus grande confusion, sur le terrain politique. Cette évolution est présentée comme une sorte de fuite en avant, le conflit se radicalisant sous la triple influence de la **misère** (accrue par le froid de janvier), de l'**intransigeance de la Compagnie** et de ce qu'il faut bien appeler la **propagande des « meneurs »**.

### Le rôle des meneurs

Il est facilité par la naïveté des mineurs, que le texte compare souvent aux premiers chrétiens. Leur ignorance leur interdit toute réflexion politique, et leur désespoir les jette dans des rêves consolateurs.

**Étienne**, sur le modèle de Pluchart, fait ici son apprentissage de **dirigeant**, et le texte, à deux reprises (IV,4 et IV,7), analyse les mécanismes qui permettent de conduire une réunion. Il porte la marque de l'idéologie d'une époque qui ne pouvait concevoir une masse ouvrière organisée sans l'intervention de « meneurs », mais permet aussi une réflexion toujours actuelle sur les pouvoirs qu'un « chef » tire de la maîtrise de la parole et les conditions de sa réception par un groupe.

L'éventail des opinions « socialistes » de l'époque est précisé dans ces scènes de discours et de discussions pour lesquelles Zola avait éprouvé le besoin de se documenter.

### La responsabilité de la bourgeoisie

Elle est visible dans la bêtise des Grégoire et les calculs de M. Hennebeau (plus noirs que ceux d'Étienne). D'autre part, la bourgeoisie est disqualifiée par son égoïsme foncier (incarné, notamment, par Mme Hennebeau), son mépris pour les ouvriers, assimilés à une race inférieure, et sa peur inavouée d'une révolution. La défense de ses intérêts étouffe ses velléités humanitaires (les Grégoire voudraient qu'une loi contraigne les ouvriers au travail) et, placée dans la situation de l'aristocratie à la veille de la Révolution, elle n'est pas loin d'apparaître comme une **classe parasite**. Seuls les personnages de Deneulin (par son activité et sa lucidité) et d'Hennebeau (par sa souffrance intime) lui confèrent parfois un peu d'humanité.

### La misère du peuple

Son aggravation fait des mineurs une classe souffrante qui s'attire la sympathie du narrateur. La comparaison des repas des bourgeois et des Maheu le premier jour de la grève en est un exemple éloquent.

La **faim** est aussi présentée comme une **cause biologique** de l'excitation des grévistes, selon un schéma idéologique souvent utilisé au dix-neuvième siècle pour expliquer les émeutes de la Révolution française ou la Commune. Le comportement révolutionnaire (ou plutôt la révolte) semble compris comme une tentative inconsciente pour compenser une frustration et goûter une forme de plaisir.

## IV - CHAPITRE 1

RESUME

Ce matin de décembre, deux semaines après l'entrée en vigueur du nouveau tarif, le jour même où les Hennebeau reçoivent les Grégoire pour préparer le mariage de Cécile et de Négrel, le directeur apprend que presque tous les puits de la Compagnie sont touchés par une grève qu'il n'attendait plus et qui semble soigneusement organisée. Il informe les régisseurs et les autorités puis va consulter sa femme, encore à sa toilette : elle refuse de remettre ce déjeuner.

Ingénieur sans fortune et sans ambition marié à une riche héritière avide de plaisirs, qui se refuse à son amour et prend des amants, M. Hennebeau a l'habitude de céder à sa femme auprès de laquelle, souffrant en silence, il vit comme un étranger. Elle est depuis deux ans la maîtresse de Négrel que son oncle a engagé et accueilli chez lui pour faciliter sa carrière, mais M. Hennebeau, malgré quelques soupçons, n'a pu éclaircir la nature exacte de leurs relations.

Lorsque le jeune ingénieur vient apporter des renseignements et annoncer une délégation de grévistes, il doit d'abord monter voir Mme Hennebeau : le directeur attendra pour être informé... Les Grégoire arrivent peu après. Ils ignoraient la nouvelle du jour, qui ne les émeut guère : ils savent leurs mineurs pacifiques. Deneulin, lui, est plus inquiet bien que la grève ne touche pas son puits et, désireux d'en savoir plus, il accepte sans façon l'invitation de se joindre aux invités.

Pendant le repas, très raffiné, on affecte de plaisanter, puis on échange des points de vue sur la situation. Deneulin montre la gravité de la crise économique, dont souffrent surtout les ouvriers, et incrimine le libéralisme de la bourgeoisie. Les Grégoire, très satisfaits d'eux-mêmes, ne pensent pas mériter l'hostilité des mineurs. M. Hennebeau qui, depuis quelque temps, sent sa position menacée à la Régie, envisage de la consolider en profitant de la grève pour absorber la concession de Deneulin, qui ne cache pas que sa situation financière est très précaire mais refuse catégoriquement de vendre.

L'arrivée des délégués des mineurs, introduits dans le salon voisin, accroît le malaise des convives.

COMMENTAIRE

### Mœurs et mentalités bourgeoises

Le narrateur, suivant un procédé de composition déjà utilisé pour présenter les Grégoire dans II,1, fait pénétrer le lecteur dans l'intimité de la famille Hennebeau au moment d'un repas. Zola, en fin gourmet, indique soigneusement le menu : charcuterie (en remplacement des huîtres que la bonne n'a pu aller chercher à Marchiennes), œufs brouillés aux truffes, truites de rivière, perdreaux rôtis, buisson d'écrevisses, charlotte de pommes meringuées, fruits. Le **contraste** avec les pommes de terre que les Maheu, au même instant, mangent sans beurre (voir IV,2) est révélateur non seulement de l'égoïsme des bourgeois (« Nous n'allons point cesser de manger, n'est-ce pas ? »), mais surtout du **plaisir** que ces puritains trouvent dans la **bonne chère** et non, comme les mineurs, dans une sexualité débridée. Cette **vision presque biologique** qui oppose des « races » (le mot est employé à plusieurs reprises à propos des mineurs) plus que des classes sociales traduit la tendance du narrateur à poser les problèmes sociaux en termes de « nature ».

La satire vise aussi les sentiments des bourgeois pour les mineurs : indifférence cynique de Mme Hennebeau (« Sont-ils drôles de faire les méchants, ces gens si heureux ! »), mépris du directeur (« Ce sera une semaine, une quinzaine au plus de paresse, comme la dernière fois. Ils vont rouler les cabarets ; puis, quand ils auront trop faim, ils retourneront aux fosses. »), humour douteux de Négrel qui présente les ouvriers comme des barbares, bonne conscience des Grégoire qui estiment mériter le respect des mineurs. Seul le personnage de **Deneulin** échappe à la satire : ce **petit patron autoritaire et entreprenant** analyse lucidement la situation, montre la responsabilité de la bourgeoisie et du régime de Napoléon III et reconnaît que « l'ouvrier a raison de dire qu'il paie les pots cassés ».

### Le drame de Hennebeau

A peine entrevu jusque-là, réduit à sa fonction de directeur, le personnage acquiert ici une **profondeur humaine**. Voué à la souffrance d'un amour insatisfait, il connaît une autre forme de misère que celle, plus commune, des mineurs. Au contraire, avec le personnage de **Mme Hennebeau**, que son immoralité foncière, ses désirs, ses ambitions, ses langueurs, ses poses, rapprochent de Mme Bovary, Zola présente une **caricature féroce** de la bourgeoisie du Second Empire.

## IV - CHAPITRE 2

**RESUME**

Surmontant ses propres réticences et les craintes de sa femme, Maheu a accepté, en tant qu'ancien du pays et meilleur ouvrier de la fosse, de conduire la délégation des mineurs.

Dans le salon au luxe imposant, les délégués attendent, intimidés. Dès son arrivée, M. Hennebeau cherche à désolidariser Maheu des « mécontents », mais le haveur, surmontant sa gêne, expose très clairement les revendications de ses camarades : le nouveau système de salaire va accroître la misère des ouvriers, qui demandent sa suppression et une augmentation de cinq centimes par berline de charbon. Le directeur, soupçonnant Étienne d'être le vrai chef de la délégation, cherche à le provoquer en attaquant l'Internationale et les socialistes. Le jeune homme ne perd pas son sang-froid et reprend d'abord les arguments de Maheu, puis, son adversaire évoquant le poids de la crise et les risques pris par les investisseurs, il se fait plus menaçant : si la société actuelle rend impossible tout progrès social, il faudra en changer. Après un silence gêné, M. Hennebeau, pour mettre fin à l'entrevue, annonce qu'il va transmettre les revendications des mineurs à ses supérieurs et se dérobe quand Étienne demande à négocier directement avec la Régie. Les délégués sortent en silence, sans répondre aux appels à la raison que leur adresse leur interlocuteur inquiet.

Le malaise des bourgeois qui attendaient, « immobiles et muets », s'accroît après cette entrevue.

**COMMENTAIRE**

## Un conflit dur

Deux logiques s'opposent dans cette grève .

— celle des mineurs, qui refusent un accroissement de leur misère au nom de la crise et dénoncent les calculs de la Compagnie ;

— celle des bourgeois, qui, voulant préserver leurs profits dans le cadre d'une société capitaliste qu'ils n'envisagent évidemment pas de changer, n'ont d'autre ressource que de réduire les dépenses salariales.

Le narrateur montre ainsi que les conditions d'un **conflit dur et durable** sont réunies.

## La présentation des adversaires

Si chacun des deux camps exprime une part de vérité, il est clair que la sympathie du narrateur va aux mineurs plus qu'aux bourgeois.

Ceux-ci sont d'abord dévalorisés par leur **peur** et leur **mépris** des grévistes, assimilés par M. Hennebeau à de mauvais ouvriers (comme si la raison et la vertu étaient indissociables des valeurs bourgeoises) et par son épouse à une espèce inférieure qui rend l'air irrespirable. Le directeur, en outre, se livre aux manœuvres habituelles pour diviser, déconsidérer et provoquer les délégués. Il refuse une vraie négociation non seulement, comme il le dit, parce que sa position ne l'y autorise pas, mais aussi et surtout parce qu'il ne peut réfuter l'analyse de Maheu, confirmée par celle de Deneulin dans le chapitre précédent.

Le texte souligne, d'ailleurs, la **sincérité** et le **calme** de **Maheu**. Le choix du discours direct donne à ses paroles un accent d'authenticité que l'on percevra plus nettement encore en comparant ce passage aux pages qui rapportent, au discours indirect libre généralement, les envolées oratoires des révolutionnaires (voir plus loin IV,4 et IV,7). Loin d'être un agitateur, Maheu s'exprime en mineur raisonnable, en **représentant d'une classe souffrante** qui aspire à un peu de justice sociale. Dans le récit de la fin de l'entrevue, pourtant, le recours à la métaphore filée du dieu capital qui trône, « terrifiant, dans une contrée inaccessible et religieuse », replace les mineurs en position d'infériorité.

### Le décor bourgeois

Par sa confusion, il montre que les bourgeois, selon une opinion partagée par beaucoup d'écrivains du dix-neuvième siècle, sont dépourvus de sens esthétique qu'ils remplacent par la mode du moment, « goût de l'antiquaille » et religion du bibelot. L'art, pour eux, a d'abord une **fonction sociale** et une **valeur marchande**, et c'est bien ce que deviennent les mineurs qui examinent en silence « tout ce luxe dont la moindre babiole aurait payé leur soupe pendant un mois ».

## IV - CHAPITRE 3

### RESUME

Deux semaines plus tard, la grève s'est étendue à d'autres fosses. Le Voreux, abandonné, sinistré, ne vit plus que par sa pompe. Un silence de mort règne sur le coron : la consigne est d'être sage.

Étienne a vite épuisé l'argent de la caisse et des collectes, Maigrat ne fait plus crédit qu'aux belles filles : c'est la famine, sauf chez les Pierron, mais les mineurs, galvanisés par leur foi en une prochaine révolution, tiennent toujours. Ils viennent consulter Étienne, que sa popularité grise et qui, malgré ses doutes sur ses capacités, rêve d'être le premier député ouvrier. Pluchart, qui veut exploiter la grève, l'incite à faire adhérer les mineurs à l'Internationale.

Ce lundi-là, alors que la Maheude, tout en donnant le sein à Estelle, dit à Étienne sa détermination à obtenir justice et sa méfiance de la politique, Catherine, qui travaille toujours chez Deneulin, à Jean-Bart, vient apporter du café et du sucre à sa mère. Celle-ci lui reproche aigrement son départ. La jeune fille justifie sa conduite en invoquant la brutalité de son amant, dont elle subit la volonté dans l'espoir qu'il l'épousera. C'est alors que Chaval, qui l'avait suivie, fait irruption dans la pièce et la traîne dehors sans ménagement en accusant Étienne de coucher avec la mère et la fille. Les deux hommes se défient, fous de rage, prêts à tuer, jusqu'à ce que Catherine emmène son amant.

Après un moment de silence gêné, la Maheude reboutonne son caraco puis proteste de sa fidélité à son mari. Étienne, accablé par cette scène, sort dans la nuit glaciale. Démoralisé par la misère qui l'entoure, il doute de la victoire et de lui-même. Pourtant, arrivé devant le Voreux, il reprend espoir et décide de poursuivre la lutte jusqu'au bout en demandant à Pluchart l'aide de l'Internationale.

## COMMENTAIRE

### Le développement de l'action

Zola prend soin de nouer les deux niveaux de l'intrigue en faisant de Catherine et Chaval des non-grévistes. L'opposition entre Étienne et son rival pourra ainsi atteindre son paroxysme, et ce chapitre annonce dès à présent leur **lutte à mort** : « Maintenant, il fallait que l'un des deux mangeât l'autre. » (Notons au passage la polysémie du verbe « manger » dans *Germinal* : les mineurs, qui ont souvent le ventre vide, peuvent « se manger » de coups ou de caresses, comme si leur désir et leur agressivité naissaient de leur faim même.)

Par ailleurs, l'attitude nouvelle de la Maheude, qui se déclare maintenant « pour la grève, raisonnablement », laisse présager là aussi un **dénouement sanglant**. Convaincus de leur bon droit, les mineurs ne reculeront pas devant la mort.

## Les ambiguïtés du révolutionnaire

Le personnage d'Étienne (qui fait ici son éducation politique, il est vrai) est défini par des contradictions. Son **savoir livresque**, fragmentaire, mal digéré, suffit à asseoir sa supériorité sur les mineurs mais ne lui permet pas de faire face à la situation. Sensible aux souffrances de ses camarades au bout de quinze jours de grève, il en vient à douter de lui-même pendant « certaines heures de bon sens », mais sa **vanité** (qui lui a fait prendre goût au pouvoir) et son **ambition** (« Il montait d'un échelon, il entrait dans cette bourgeoisie exécrée, avec des satisfactions d'intelligence et de bien-être qu'il ne s'avouait pas ») lui font vite retrouver sa combativité.

Ainsi s'établissent des rapports ambigus entre les mineurs, naïfs, séduits par des discours utopiques (les métaphores religieuses consacrent l'infériorité de cette masse souffrante, de « ces hallucinés de la misère », pour qui les rêves compensateurs tiennent lieu de réflexion politique) et le meneur qui les conduit en prenant en compte ses propres intérêts. Le personnage de Pluchart, comme nous le verrons dans le chapitre suivant, désire « exploiter la grève » à son profit. L'**isolement d'Étienne**, encore latent, est donc sensible dès ce moment : les mineurs, comme la Maheude, refusent « la politique », sachant d'expérience qu'elle mène à « la crevaison du pauvre monde ». Zola exprime ici sa **défiance des révolutionnaires professionnels.**

## Étienne, personnage œdipien

Nous avons déjà vu (dans II,5) l'importance de la situation triangulaire dans le roman. Chez Étienne, le **désir** s'accompagne toujours d'un fort sentiment de **culpabilité** qui le condamne à une étonnante chasteté (voir III,2) et souvent d'une **pulsion agressive** dirigée contre son rival. La réunion de ces trois composantes (désir, culpabilité, agressivité) définit une situation œdipienne. La **connotation incestueuse** de cet amour apparaît ici dans une scène curieuse : alors qu'Étienne parle sans la moindre gêne avec la Maheude en train d'allaiter Estelle, « un sein hors du corsage et tombant jusqu'au ventre », il suffit que Chaval surgisse avec sa brutalité coutumière et l'accuse de coucher avec la mère et la fille pour que réapparaissent l'agressivité (« J'aurai ta peau », dit Étienne menaçant) puis le désir coupable (« Malgré son effort, il revenait quand même à sa gorge, à cette coulée de chair blanche, dont l'éclat maintenant le gênait. »). La mère d'Estelle et de Catherine est soudain devenue, virtuellement, une amante monstrueuse, une espèce de double de Catherine. La confusion des deux personnages féminins dans la jalousie de Chaval et l'amour d'Étienne confirme bien que le jeune homme se trouve placé dans la situation du fils œdipien.

Il est en outre significatif que, dans leur scène d'adieu (voir VII,6), Étienne et la Maheude n'évoquent jamais Catherine mais parlent de cette relation amoureuse qui aurait pu les réunir et faire naître chez eux le remords.

## IV - CHAPITRE 4

RESUME

Le jeudi suivant, au « Bon-Joyeux », Étienne attend Pluchart et une cinquantaine de camarades que la veuve Désir, furieuse de voir les mineurs malheureux et son cabaret désert, a accepté d'inviter chez elle, dans une réunion privée.

Rasseneur prévient Étienne qu'il a demandé à Pluchart de ne pas venir : refusant la politique et les rêves utopiques, redoutant une aggravation du sort des mineurs après l'échec de la grève, il souhaite négocier avec la Compagnie. Comme Étienne, qui a évolué vers le collectivisme marxiste, parle de trahison, le cabaretier l'accuse de n'agir que par ambition personnelle : entre les deux « chefs », c'est maintenant la guerre. Souvarine, consulté, se dit favorable à l'Internationale : si Bakounine la dirige, elle permettra la destruction totale du vieux monde, condition d'un recommencement de tout. Ce culte de la violence révolte Étienne.

Vêtu comme un bourgeois, Pluchart arrive enfin, pressé de placer ses cartes de l'Internationale. Rasseneur est interrompu par l'assemblée, qui applaudit un discours habile de Pluchart : selon lui, l'Internationale va balayer « la pourriture bourgeoise » et terminer victorieusement la grève engagée à Montsou. Avant l'irruption des gendarmes, un rapide vote par acclamation décide de l'adhésion des dix mille charbonniers de Montsou à l'Internationale, puis c'est la débandade.

Étienne et Maheu sont maintenant certains du succès.

## Les « trois nuances » du socialisme

Malgré son expérience du journalisme politique, Zola manquait d'informations précises sur le mouvement ouvrier de son temps. Pour préparer son « roman socialiste », il s'est donc documenté, en lisant notamment une étude sur *Le Socialisme contemporain* (de Lavaleye, 1881). S'inspirant de cet ouvrage et de la réalité des années 1880 autant que de celle de la fin du Second Empire, le romancier a incarné dans ses personnages trois courants politiques que l'on confondait alors sous l'étiquette générale de socialisme.

1. ***Le socialisme collectiviste*** (Pluchart et Étienne) est celui de Jules Guesde, vulgarisateur de Marx et fondateur du Parti ouvrier en 1882. S'appuyant sur une analyse à prétention scientifique, il prône la révolution violente et la collectivisation (mais non l'étatisation) des moyens de production. Ainsi, dans notre texte, Pluchart donne à l'Internationale l'objectif de **renverser la société bourgeoise** pour établir une « société libre, où celui qui ne travaillerait pas ne récolterait pas ». Ce programme, radical et utopique, et celui qui le « promène » de réunion en réunion sont présentés de façon quelque peu ironique par le narrateur (voir ci-dessous).

2. ***Le socialisme réformiste*** (Rasseneur) souhaite « exiger les réformes possibles », sans provoquer une révolution. Zola fait ici référence à ceux que l'on a appelés les « possibilistes », réunis dans le parti de Paul Brousse en 1882.

3. ***Le socialisme libertaire*** de Bakounine était en effet présent dans l'Internationale, au sein de laquelle il s'opposait au courant marxiste au nom de la liberté de l'individu. Mais Souvarine représente surtout les anarchistes russes connus alors sous le nom de **nihilistes**, sur lesquels l'attention du grand public avait été attirée autour de 1880 par une vague d'attentats. Après l'assassinat du tsar Alexandre II, Zola avait analysé la situation politique en Russie dans un article du *Figaro* (« La République en Russie », 21 mars 1881). Il y présentait les nihilistes comme des « enfants qui jettent des pierres dans un guêpier. [...] Ils n'ont pas de programme et ne peuvent en avoir un, puisqu'ils représentent seulement la destruction, sans vouloir se demander encore de quelle façon on reconstruira, confiants peut-être dans les forces de

l'humanité et s'en remettant à la nature pour refaire la nation russe ». C'est bien l'image que donne le personnage de **Souvarine**, dont le nihilisme, l'idéalisme et l'insensibilité extrêmes font une espèce de **barbare mystique**, une figure effrayante et grandiose, détachée des intérêts terrestres auxquels Étienne et Rasseneur tiennent un peu trop.

Un peu plus loin, l'introduction du personnage de l'abbé Ranvier permettra à Zola de présenter le socialisme chrétien (voir VI,1).

## La satire du révolutionnaire professionnel

Le représentant de l'Internationale fait ici l'objet d'un **portrait-charge** et constitue, bien plus qu'Étienne, un modèle négatif. Ouvrier embourgeoisé, **Pluchart** met ses talents oratoires et son activité militante au service de son ambition : il attend du « placement de ses idées » et du développement de son association la **réussite** de sa **carrière politique**, qui va d'ailleurs le conduire à Paris. Aussi n'accorde-t-il aux mineurs en grève que le temps nécessaire à leur adhésion.

Ce passage permet d'analyser la performance de l'orateur qui se contente de « placer » un discours parfaitement rodé et conçu pour obtenir rapidement l'adhésion d'ouvriers naïfs. Pluchart chauffe son public, le berce d'illusions (« C'était la conquête du monde avant trois ans »), flatte son désir de revanche (« Quand on serait les maîtres, on dicterait des lois aux patrons. »), lui laisse croire, en somme, à une prochaine inversion des rôles. Une fois les mineurs conquis, convaincus que « c'est eux [les patrons] qui descendront », il ne lui reste plus qu'à présenter l'Internationale « comme une providence pour les grévistes » en difficulté, et, jugeant qu'« ils en ont assez », il peut distribuer les cartes, après un simulacre de vote. La dernière phrase de la séquence exprime bien l'**ironie du narrateur** : « Et ce fut ainsi que les dix mille charbonniers de Montsou devinrent membres de l'Internationale. »

Nous n'avons plus affaire à une parole ouvrière authentique, comme dans le chapitre IV,2, mais à un **discours de politicien**, ce qui explique peut-être que le narrateur tienne à distance son personnage : la modalisation du récit est visible, par exemple, dans le choix du discours indirect libre et dans l'utilisation d'expressions et d'images dépréciatives. Le militant ouvrier se trouve réduit au modèle idéologique du meneur tel que la presse bourgeoise de l'époque le définissait pendant la grève d'Anzin du printemps 1884. Ainsi l'article du *Figaro* déjà cité dans le commentaire du chapitre II,3 se terminait par ces mots : « Ah ! la jolie chose que les meetings populaires et quels charmants résultats ils donnent !... Ce n'est pas difficile, allez, d'y avoir du succès. Pourvu qu'on ''gueule'' dur, fort et longtemps, c'est tout ce qu'il faut. [...] Étonnez-vous donc qu'avec un bon *speech* bien lancé, on mène les foules à la victoire... ou à la folie... » Prisonnier des préjugés de son époque, ignorant la réalité du mouvement ouvrier, le romancier naturaliste n'a pu faire, sur ce point, la critique de son document.

## IV - CHAPITRE 5

### RESUME

Quinze jours plus tard, dans le froid de janvier, les mineurs connaissent la famine, ayant épuisé l'argent de l'Internationale, des collectes, des prêteurs sur gages et le crédit des épiciers.

Étienne, désespéré, trouve un instant de réconfort auprès de la Mouquette ; il cède à ses avances renouvelées mais en éprouve aussitôt de la honte.

Par manque d'entretien, la mine se dégrade rapidement. Malgré les pertes importantes de la Compagnie, M. Hennebeau, au cours d'une nouvelle rencontre, refuse toujours d'accepter les revendications des grévistes. De son côté, Maigrat s'est montré intraitable devant la Maheude et un groupe de femmes venues le solliciter : elles n'ont obtenu de lui que des insultes. Exaspérés, les mineurs sont décidés à poursuivre leur mouvement jusqu'à la mort.

Chez les Maheu, où tout ce qui pouvait se vendre a disparu à l'exception d'une boîte de carton rose, un ancien cadeau du père, dans la pièce froide faute de charbon, tout le monde souffre de la faim. La Maheude cherche vainement de l'aide chez les Levaque, également démunis de tout, puis chez les Pierron, toujours bien nourris, mais qui feignent de jeûner comme les autres. Traversant le coron désolé, elle croise le curé, qui reste sourd à son appel, et doit rentrer chez elle les mains vides. L'attente cruelle se poursuit jusqu'au retour d'Étienne : celui-ci, malgré sa répugnance, se résigne à aller emprunter quelque chose chez la Mouquette et il rapporte douze pommes de terre cuites et déjà froides, qui auraient dû constituer le dîner de la jeune femme, et sur lesquelles se jettent les enfants et le vieux Bonnemort.

Ayant appris que la Compagnie s'apprêtait à renvoyer les meneurs et aurait convaincu certains mineurs de reprendre le travail, Maheu et Étienne décident de convoquer une assemblée le lendemain dans la forêt de Vandame.

## COMMENTAIRE

### Les souffrances des mineurs

Après un mois de grève, leur situation est critique, et la faim est sur le point d'emporter les plus faibles. Seuls ceux qui ont pu trouver d'autres ressources, comme la Mouquette, devenue blanchisseuse, ceux qui « trafiquent », comme Jeanlin, et ceux qui trahissent, comme les Pierron, ont de quoi se nourrir. Cela n'entame pas la combativité des grévistes, soutenus par la conscience de leurs droits, trop dignes pour mendier et encore assez maîtres d'eux-mêmes pour conserver un calme exemplaire.

Zola définit rapidement les **responsabilités** :

— La Compagnie, qui a provoqué la grève pour détruire la caisse de prévoyance, affame ses ouvriers et refuse de revenir sur la réforme des salaires qui a provoqué le déclenchement du conflit.

— L'égoïsme de Maigrat, les dérobades prudentes du curé, accentuent la misère des mineurs.

— L'Internationale, en n'envoyant que trois jours de pain, n'a pas tenu les promesses de Pluchart, d'ailleurs tout à fait irréalistes.

Le peuple apparaît ainsi comme une classe souffrante, la famine n'étant que la forme aiguë d'une misère chronique, et la violence que l'on sent naître sera la réponse à cette souffrance.

### « La souffrance du capital »

Elle est évoquée dans un paragraphe qui a manifestement pour fonction de faire pendant aux malheurs du coron. « Des deux côtés, l'obstination entassait les ruines : tandis que le travail crevait de faim, le capital se détruisait. Chaque jour emportait des centaines de mille francs. » Les éboulements, dans les fosses mal entretenues, se répercutent jusqu'à la surface, menaçant, de façon très symbolique, la propriété des Grégoire. Ce souci d'équilibre, toutefois, n'empêche pas le narrateur d'exprimer sa sympathie pour les mineurs, dont la misère est longuement décrite.

Étienne éprouve un sentiment de culpabilité après avoir cédé aux avances de la Mouquette, qui le poursuivait de ses désirs depuis six mois. Si ce sentiment est explicitement justifié par la personnalité de cette fille facile (« On ne se vantait pas d'avoir eu la Mouquette »), il semble aussi lié à la peur des femmes qui caractérise le héros.

## IV - CHAPITRE 6

**RESUME**

Cachés derrière une palissade, Jeanlin, Bébert et Lydie s'apprêtent à commettre un vol à l'étalage d'une vieille épicière. Ils doivent d'abord laisser passer des importuns : M. Hennebeau, qui s'assure que le pays est calme, Zacharie et Mouquet, qui projettent une partie de « crosse » pour le lendemain, Étienne, qui prévient un camarade que l'assemblée de Vandame est différée d'un jour. La voie étant libre, sur l'ordre de Jeanlin, Bébert s'empare d'une morue sèche et les trois galopins s'évanouissent dans le crépuscule. Depuis quelque temps, Jeanlin, battant sa petite femme et terrorisant Bébert, organise à son profit ce genre de rapines. Ce soir-là, comme d'habitude, il s'approprie la morue et disparaît sans que puissent s'y opposer Bébert et Lydie, pourtant unis par une grande affection.

Étienne, qui attendait la Mouquette pour mettre un terme à leurs relations amoureuses, le voit s'engouffrer dans le puits abandonné de Réquillart. Il le suit jusqu'au fond d'une galerie bien conservé, où l'enfant a installé sa demeure. D'abord surpris par l'arrivée d'Étienne, le petit brigand se justifie tranquillement : il ne s'en prend qu'aux bourgeois, qui volent les ouvriers, comme le lui a appris Étienne. Celui-ci renonce à le déloger.

Revenu à la surface, le jeune homme informe la Mouquette, éperdue, qu'il ne veut plus la voir. Mais leur dernier baiser d'adieu est justement surpris par une passante, dans laquelle Étienne, désolé, reconnaît Catherine.

Le lendemain, les trois enfants volent la lapine de Rasseneur pour s'amuser, au moment où Zacharie, Mouquet et deux camarades entament leur partie de crosse. Les deux groupes parcourent la plaine, poursuivant, l'un la lapine effrayée, l'autre la « cholette ». A la tombée de la nuit, le jeu les conduit à la forêt de Vandame, où convergent des flots de mineurs venus de tous les corons.

M. Hennebeau, en se promenant, croise de nombreux couples, qu'il prend pour des amoureux. Enviant le bonheur de ces misérables, libres de satisfaire leurs désirs en plein vent, il poursuit sa route, accablé par un malheur sans fin.

## COMMENTAIRE

Deux journées séparent la décision de réunir les mineurs à Vandame (fin du chapitre 5) de la tenue effective de cette assemblée (ch. 7). Zola y raconte plusieurs petites scènes qui ont des fonctions diverses.

### L'intérêt documentaire

Ce chapitre présente au public parisien une nouvelle distraction des mineurs du Nord : la « crosse », version populaire du golf. Le lecteur attentif n'ignore rien, ainsi, des règles et des accessoires de ce jeu (la « crosse » est un « maillet au fer oblique, au long manche garni d'une ficelle fortement serrée » ; la « cholette » est « le petit œuf de buis » qui sert de balle...), ainsi que de la passion des joueurs. Ce chapitre est donc à rapprocher de celui sur la Ducasse (III,2).

### L'action

Elle n'évolue pas, le romancier posant divers jalons en prévision de prochains développements.

— La découverte des rapines et de « la retraite profonde » de Jeanlin permettra à Étienne de disparaître à son tour et de survivre après les événements dramatiques de la cinquième partie. Zola prépare ici assez lourdement cet épisode : « Une idée le travaillait : qui sait s'il n'en aurait pas besoin, pour les camarades ou pour lui, dans le cas où les choses se gâteraient, là-haut ? »

— La courte scène entre Étienne, la Mouquette et Catherine, symétrique de celle qui a réuni Catherine, Chaval et Étienne dans le chapitre II,5, accroît encore le malaise entre Catherine et Étienne et servira à justifier (au niveau le plus apparent du texte) le renvoi à la fin du roman (VII,5) de la concrétisation de leur amour.

## La composition

L'unité de l'ensemble, quelque peu artificielle, est assurée par les deux passages de M. Hennebeau, à ce point accablé par son martyre secret qu'il en est comme étranger au monde extérieur, et par la présence presque constante des trois enfants.

## La présentation des enfants

*Germinal* distingue trois modèles distincts :

— envisagés de façon générale et collective, ils sont désignés par des termes péjoratifs (« galopins », « vauriens », « troupeau », « marmaille ») ;

— les personnages individualisés (Jeanlin, Bébert et Lydie) apparaissent comme des êtres « vicieux » et malfaisants ;

— échappent à cette dévalorisation les seuls enfants martyrs, Jeanlin lui-même, le temps d'un accident (voir III,5), et surtout Alzire, la petite infirme vouée au sacrifice (voir VI,2).

Il semble bien que les enfants, dans l'imaginaire zolien de cette époque, participent de la dépréciation qui frappe la sexualité, soit, dans le premier cas, parce que leur présence, leur grouillement signalent les débordements de leurs parents, soit, dans le deuxième, parce que leur précocité fait d'eux des réductions monstrueuses des adultes. Seule la précocité toute maternelle d'Alzire (comme celle de Lalie Bijard dans *L'Assommoir*) suscite la sympathie attendrie du narrateur.

Le personnage de **Jeanlin**, plus particulièrement, constitue une **figure symbolique**. Les métaphores animales qui le caractérisent (il est crapaud, serpent, canard, singe...) en font l'incarnation de l'exploitation séculaire des mineurs et de leur dégénérescence. L'enfant voit ainsi le cours de son développement s'inverser, sous l'effet d'une régression à « l'animalité ancienne ». Si cette vision peut paraître comme l'écho simpliste des théories de Darwin, elle n'en possède pas moins une force dramatique indéniable : en redevenant « sauvage », cet « avorton » de Jeanlin acquiert une grandeur mythique.

Enfin, ce chapitre montre bien, au plan de l'intrigue amoureuse, que Jeanlin, amant brutal de Lydie et rival tyrannique de Bébert, fait obstacle à leur amour. L'**interdit** est si fort qu'ils ne s'embrassent même pas en son absence, tout comme Étienne et Catherine, chez les Maheu, sont séparés par la présence invisible de Chaval.

## IV - CHAPITRE 7

### RESUME

**Dans une vaste clairière de la forêt de Vandame, une foule grondante de trois mille personnes, hommes, femmes et enfants, s'est réunie.**

**Étienne s'empare tout de suite de la parole. Il expose d'abord fidèlement l'histoire de la grève et les manœuvres de la Compagnie, puis il incite les mineurs à poursuivre la lutte pour obtenir justice. Il présente ensuite son programme politique : « destruction de l'État », « refonte totale de la vieille société pourrie » en un « édifice de vérité et de justice » qui donnerait au peuple le pouvoir et la richesse. La foule, exaltée par la faim et le rêve, s'enthousiasme tandis que l'orateur goûte l'ivresse de sa popularité et de son pouvoir.**

**Rasseneur et ses appels à la modération sont hués. Étienne, tirant parti d'un discours confus de Bonnemort, se fait plus violent et appelle à la révolte. Sous les acclamations, il propose d'empêcher les traîtres de descendre, y compris chez Deneulin.**

**Chaval, jaloux, se fait applaudir à son tour en annonçant une grève totale dans sa fosse. La foule s'enflamme, échappe à l'autorité d'Étienne, qui lui donne rendez-vous le lendemain à Jean-Bart, déclenchant une dernière et énorme acclamation.**

### COMMENTAIRE

#### Les querelles idéologiques

Les divisions du mouvement ouvrier de l'époque sont à nouveau illustrées dans ce chapitre par l'**opposition d'Étienne et Rasseneur**.

Zola précise l'**évolution politique** de son héros. Rejetant les rêveries humanitaires de « fraternité attendrie » (dans lesquelles se complaît le « quarante-huitard » Florent, dans *Le Ventre de Paris*), il a adopté « depuis la réunion du « Bon-Joyeux » (c'est-à-dire sous l'influence de Pluchart) un collectivisme dogmatique, à prétention scientifique, d'inspiration marxiste. Toutefois, en radicalisant son programme, Étienne se rapproche de l'anarchisme et il se considère lui-même comme l'élève de Souvarine. Le texte le montre d'ailleurs en proie à une « idée fixe », à une folie de la destruction qui lui fait répéter « le geste du faucheur qui rase la moisson mûre ». Il faudra l'expérience des cinquième et sixième parties pour qu'Étienne renonce à la violence.

L'évolutionnisme de Rasseneur, de son côté, est présenté maintenant comme un réformisme ayant comme objectif ce qu'on appellerait aujourd'hui l'intéressement des travailleurs.

Ce texte n'a pas la neutralité d'un document : il exprime nettement la défiance du narrateur à la fois devant l'idéal de réglementation tatillonne de la société collectiviste et devant le mythe de la table rase qui fascine le nihilisme.

### La performance du « meneur »

Elle est particulièrement mise en évidence dans ce passage et se déroule en trois étapes :

1. **Étienne prend le contrôle de la foule** et lui fait approuver la poursuite de la grève. Par une habile manœuvre, « en affectant l'éloquence scientifique », il rapporte fidèlement les faits, puis, « d'une voix changée », en feignant de consulter ses camarades, il leur demande d'aller jusqu'au bout de la lutte. L'utilisation de phrases interro-négatives et d'un vocabulaire péjoratif (« Est-ce qu'il se trouvait des lâches pour manquer à leur parole ? ») lui permet d'obtenir leur approbation.

2. Fort de ce succès, **il s'engage alors sur le terrain politique** et fait adopter par l'assemblée un programme tout à fait utopique. Comme Pluchart, son modèle, il parle et agit en professionnel de la persuasion, son discours devient un spectacle dans lequel même l'effet produit par l'arrivée de la lune semble calculé. La conviction des auditeurs est d'autant plus rapide que l'orateur, non sans démagogie, joue de leurs rêves de revanche et de bonheur (le narrateur reprend d'ailleurs la métaphore filée des premiers chrétiens pour exprimer l'enthousiasme naïf de la foule). Le but avoué de la réunion est, on le voit, dépassé.

3. Un **retournement de situation** s'esquisse quand Étienne est « débordé » par la foule qu'il a lui-même déchaînée, et l'assemblée s'achève dans une confusion qui annonce des épisodes dramatiques.

La **motivation du meneur**, en outre, est plus personnelle qu'idéologique. Rasseneur et Étienne (puis Chaval, pourtant peu politisé) se disputent les faveurs de la foule pour goûter l'ivresse de la popularité. Il existe donc des **rapports de séduction** entre meneurs et mineurs, présentés comme des relations amoureuses : Étienne, qui « se gratte délicieusement » de mots savants, s'adresse à « un rut de peuple » ; il cherche à plaire à Catherine et la Mouquette lui crie « des mots tendres ».

Ainsi la réunion des deux fils de l'intrigue trouve-t-elle sa source profonde dans une conception idéologique, fréquente chez Zola, qui fait de la politique un substitut de la sexualité.

## CINQUIÈME PARTIE

### Les structures

Cette Ve partie raconte des événements survenus au lendemain de la réunion de Vandame, après six semaines de grève, à la **fin du mois de janvier 1867**. Le rythme du récit se ralentit pour permettre la relation de plusieurs **scènes marquantes** de cette « journée terrible », selon une **progression** soigneusement calculée. La peur des bourgeois et la violence des grévistes culminent au coucher du soleil et au crépuscule, en une préfiguration du « grand soir » révolutionnaire.

L'espace s'y structure en une série d'oppositions : sur le plan horizontal, les **lieux clos**, maisons, boutique et même étable, protègent les bourgeois et restent fermés aux mineurs, condamnés à l'**errance** dans la plaine. Verticalement, la **surface** est valorisée par rapport au **fond** : ainsi le Tartaret vu de la Côte-Verte est-il une curiosité pour les bourgeois en promenade et un enfer pour les mineurs au fond de la fosse.

La composition confronte les opinions et les actions des mineurs et celles des bourgeois et réunit presque tous les personnages du roman, pris dans des drames personnels et collectifs. Zola obtient ainsi des effets de contraste saisissants, par exemple en décrivant la mutilation de Maigrat devant sa femme impassible (ch. 6).

## Une leçon ambiguë

L'égoïsme, l'aveuglement et la peur des bourgeois sont constamment rappelés avec les personnages de Mme Hennebeau, des Grégoire, de Maigrat. Zola, en bon polémiste, a même recours à la caricature quand il évoque l'étonnement du rentier (« C'était donc vrai que ces mineurs pouvaient lui en vouloir, parce qu'il vivait en brave homme de leur travail ? ») ou son inconscience (« Lorsqu'ils auront bien crié, ils iront souper avec plus d'appétit. »). La description du travail dans l'enfer du Tartaret et de nombreux rappels de la misère ancestrale des mineurs montrent assez l'intention du romancier de **mettre en cause la bonne conscience des bourgeois** toujours prêts à stigmatiser la canaille.

Mais d'autre part, la foule animale, barbare, aux instincts débridés, avide de revanche, doit beaucoup à ce que l'imaginaire collectif retenait à l'époque des lointaines jacqueries ou de la récente Commune de Paris. Le « débordement » du meneur y est constant, les métaphores filées de l'ouragan et de l'inondation indiquant bien que, dans cette conception idéologique, la **foule ouvrière** est par nature **porteuse de catastrophe**. En outre, la composition du chapitre 5 établit une symétrie entre le drame personnel d'Hennebeau et celui des mineurs, qui ne sont donc pas les seuls à souffrir.

Zola essaie d'éviter les oppositions simplistes. Il semble persuadé à la fois de la **faillite de la société bourgeoise** et de l'**horreur d'une prochaine révolution**, et exprime ainsi sa propre angoisse. Le lyrisme de certaines pages du chapitre 5 peut trouver là son explication.

# V - CHAPITRE 1

RESUME

**Le lendemain à 4 heures, Deneulin, prévenu que ses mineurs ont cessé le travail, se précipite à Jean-Bart. Chaval a effectivement empêché la reprise du travail.**

**Deneulin expose sa situation aux mineurs incrédules : une grève le ruinerait et mettrait son entreprise et ses ouvriers sous le joug de la Compagnie. Chaval interdisant toujours la descente, Deneulin le prend à part et flatte sa vanité en lui promettant une place de porion. Le futur chef convainc alors une partie des ouvriers et le travail commence.**

A 9 heures, Mme Hennebeau, comme prévu, vient chercher Lucie et Jeanne Deneulin en compagnie de Cécile Grégoire. Elle s'est fait escorter de Négrel. En allant à Marchiennes, la voiture traverse une lande au-dessus du Tartaret où, selon la légende, brûlent des herscheuses maudites, puis la Côte-Verte, qui connaît un éternel printemps. Négrel explique l'origine naturelle de cet incendie souterrain. Il s'inquiète en voyant de nombreux groupes de mineurs sur la route. L'arrivée à Marchiennes, au ciel noir de suie, est accueillie avec soulagement.

## COMMENTAIRE

### La famille Deneulin

Malgré « leurs allures garçonnières d'artistes » Lucie et Jeanne savent régler les dépenses de la maison comme le ferait une bourgeoise économe. Entreprenant et courageux, **Deneulin se singularise** lui aussi. Son intérêt pour « les derniers perfectionnements de la science » et la « recherche d'élégance », dont témoignent le lambrequin découpé et la spirale de mosaïque de la cheminée le rendent aussi sympathique que ses filles. Il est aussi (comme en IV,1) le porte-parole du narrateur.

### Le paternalisme de Deneulin

Toutefois, le personnage reste un bourgeois par son souci de faire fortune et par son goût de l'autorité. Ainsi, s'il affecte de parler à ses ouvriers comme à ses enfants, c'est pour leur demander plus de travail et il n'hésite pas à manœuvrer Chaval pour les priver d'un meneur éphémère.

### Un nouveau meneur, Chaval

Les palinodies de Chaval, d'abord non gréviste (jusqu'à la réunion de Vandame - IV,7), puis farouche partisan de la grève et quelques instants plus tard favorable à la reprise du travail sont soulignées par les ordres contradictoires qu'il donne à Catherine. Le personnage, essentiellement animé par la vanité, n'est certes pas un militant. Il n'en révèle que mieux les **motivations profondes du meneur** : Chaval veut être « chef », de la foule en grève ou des ouvriers au travail. Le meneur est un porion en puissance, il veut goûter les joies du pouvoir.

## V - CHAPITRE 2

RESUME

A plus de 700 mètres de profondeur, l'équipe de Chaval travaille dans une veine voisine du Tartaret. La chaleur y est telle que Catherine, qui a déjà enlevé sa veste, se débarrasse de sa culotte de mineur. Elle roule sa berline en chemise, indifférente aux plaisanteries des haveurs, eux-mêmes complètement nus, et gagnée par une sensation d'étouffement. Rudoyée par Chaval, soumise au supplice du feu, presque asphyxiée par des gaz malsains, elle finit par arracher sa chemise et poursuit sa besogne comme une bête, jusqu'à ce qu'un évanouissement la terrasse.

En la découvrant inanimée dans une galerie, Chaval change de ton et se hâte de la porter dans un endroit plus ventilé. Revenue à elle, émue par la douceur inhabituelle de son amant, Catherine savoure un court instant de tendresse qui lui fait regretter que Chaval, contrairement à Étienne, ne soit pas toujours gentil.

Pendant la pause du déjeuner, la nouvelle que les grévistes de Montsou coupent les câbles provoque une véritable panique. Cent deux échelles de sept mètres mènent à l'air libre. Catherine commence vaillamment l'ascension mais la fatigue, la peur, la bousculade font réapparaître son malaise : elle finit par perdre connaissance. Elle reprend conscience au grand jour, devant une foule hostile.

COMMENTAIRE

### Un cri de pitié

Dans le premier mouvement du chapitre, Catherine souffre des conditions de travail inhumaines, qui montrent bien les limites du paternalisme de Deneulin. Ce qui, vu de la calèche de Mme Hennebeau, était une curiosité, devient ici un enfer où les ouvriers sont soumis au supplice du feu. Le narrateur jette un **double regard** sur la scène : **journaliste**, il multiplie les chiffres (708 mètres de profondeur, température de 45° à 60°) et les explications techniques ; **visionnaire**, il surimpose à sa description savante un tableau hallucinant qui réunit diverses composantes de l'enfer chrétien comme le feu, l'animalité, la nudité.

Le réalisme, en outre, est mis au service d'une cause : en évoquant, après celui de Jeanlin, le martyre de Catherine, « pitoyable, ravalée au trot de la femelle quêtant sa vie par la boue des chemins », en décrivant le corps de cette « petite misérable, déflorée avant l'âge », c'est un cri de pitié, un **appel à l'opinion publique** que lançait Zola. Ce souci d'intervenir dans la vie sociale apparaît bien dans ce billet que le romancier envoya au directeur d'un journal socialiste en novembre 1885 :

« Prenez *Germinal* et reproduisez-le. Je ne vous demande rien, puisque votre journal est pauvre et que vous défendez les misérables. »

### Une scène fantasmatique

Au plan de l'imaginaire, deux éléments méritent d'être notés.

D'abord, cette séquence réalise le fantasme zolien de l'**enterrement d'un être vivant**, qui a inspiré diverses scènes de son œuvre. Évanouie, Catherine est « comme morte, enterrée déjà au fond de la terre ». Malgré sa verticalité, la remontée dans le puits étroit engendre une angoisse comparable chez la jeune fille « exaspérée de l'écrasement des parois contre sa chair ».

On peut constater ensuite que c'est dans cette situation qui parle d'**enfer** et de **mort** que le triangle Catherine-Chaval-Étienne (ici uniquement présent dans la pensée de la jeune fille) est réuni, comme en annonce du dénouement (voir VII,5).

## V - CHAPITRE 3

RESUME

**A Montsou, les mineurs, d'abord retenus par le passage des gendarmes, sont partis en désordre pour Jean-Bart. Étienne, soucieux d'éviter les violences, court les rejoindre.**

**Deneulin, enragé de ne pouvoir mater les grévistes, les insulte. La foule, de plus en plus nombreuse et hostile, envahit bien vite la fosse, l'obligeant à se cacher. Étienne est débordé : des hommes, et Maheu lui-même, coupent les câbles des cages, des femmes vident les chaudières. La fiè-**

vre de destruction qui anime les mineurs et qui commence à gagner Étienne est détournée des bâtiments par la sortie des ouvriers du fond, violemment conspués.

L'apparition de Chaval exaspère la foule : Étienne, furieux, contraint le traître à se joindre à la manifestation, puis donne l'ordre de marcher sur les autres fosses. C'est un flot de mille personnes qui se précipite sur les routes.

A Jean-Bart, désormais silencieux, Deneulin, certain de sa ruine, mais apaisé, juge les mineurs révoltés moins coupables que la société qui produit ces misérables.

COMMENTAIRE

### La montée de la violence

Chez les mineurs, elle est la conséquence inévitable du nombre. La métaphore du « torrent débordé » établit cette relation « naturelle » entre la constitution d'une masse ouvrière et l'imminence d'une catastrophe. Cette violence est plus grande chez les femmes qui, les jupes relevées dans les flammes, prennent des allures de sorcières.

Les meneurs conservent leur calme un peu plus longtemps mais Maheu finit par limer les câbles ; découvrant Catherine et Chaval, Étienne, « pris de la fureur de la bande », la lance lui-même sur les autres fosses.

### La relation dialectique entre les meneurs et les mineurs

Le meneur constitue les mineurs en une foule agressive, un **être collectif monstrueux** dont il perd vite le contrôle. Étienne, comme déjà à la fin de la réunion de Vandame, est « débordé » ; c'est Jeanlin avec sa corne d'appel qui rassemble le troupeau des manifestants.

### Un jugement modéré

Le narrateur tire de cette scène des effets dramatiques et des tableaux saisissants. Soucieux d'intégrer son roman à la série des **Rougon-Macquart**, il place dans la bouche de Deneulin, plus lucide et plus humain que les autres bourgeois, une **critique du régime** : ce personnage autoritaire montre les contradictions du Second Empire, né d'un coup d'État mais tenté par un certain libéralisme qui lui fait abolir en

1864 la loi Le Chapelier de 1791 interdisant les coalitions et les syndicats. D'autre part, Deneulin dénonce la **responsabilité de la bourgeoisie** qui exploite les mineurs depuis un siècle et le chapitre se ferme sur une phrase cinglante : « Des brutes sans doute, mais des brutes qui ne savaient pas lire et qui crevaient de faim ».

## V - CHAPITRE 4

RESUME

La foule, Jeanlin en tête, puis les femmes, suivies des hommes, traverse la plaine au galop, sous la direction d'Étienne qui surveille aussi Chaval. A midi, exaspérés par la faim, les manifestants réclament du pain.

Pour éviter la destruction de la pompe du puits Gaston-Marie, il lance ses camarades sur Mirou : un vieux porion réussit à leur interdire l'accès de la fosse par un chantage au suicide, et la course reprend. Étienne rattrape Chaval prêt à s'échapper. Il ne peut écarter Catherine, qui s'obstine à suivre son homme.

Au hasard des rumeurs signalant la présence ici ou là des gendarmes, les grévistes, sans cesse plus nombreux, errent d'une fosse à l'autre. Dans une rage de destruction et de revanche, ils brutalisent des non-grévistes, saccagent des installations et s'emparent d'un stock de genièvre. Gagné par l'ivresse, Étienne, furieux de voir Chaval se cacher une nouvelle fois, oriente la foule vers Gaston-Marie pour obliger son rival à y casser la pompe.

Deux mille cinq cents mineurs, effrayant au passage les bonnes de la Piolaine, courent à Gaston-Marie, dévastent les bâtiments et détruisent la pompe. Chaval, menacé de mort par une foule de plus en plus agressive, est défié par Étienne que l'ivresse anime d'une passion homicide. Mais le jeune homme, dégrisé par une paire de gifles de Catherine, libère soudain son ennemi.

La foule, fuyant les gendarmes, revient alors vers Montsou pour aller réclamer du pain à la Direction.

COMMENTAIRE

## Les sources historiques

Zola s'était constitué une documentation sur les diverses grèves survenues en 1869 et 1870, notamment à **La Ricamarie** (dans le bassin de Saint-Étienne), à partir des comptes rendus des procès intentés aux grévistes. De nombreux passages des cinquième et sixième parties en sont directement inspirés comme, ici, la destruction des câbles, des lampes et des rails, l'extinction des chaudières, l'humiliation de Chaval.

Mais ce chapitre est d'abord structuré comme une page de roman.

## La dramatisation

On relève une **progression** très nette (qui se poursuit dans toute la cinquième partie) :

— du nombre des mineurs : 300, puis 500 et 1 000 à Jean-Bart au début de la matinée (dans V,3), 1 500 au début de l'après-midi, puis 2 500 ;

— de l'agressivité de la « bande », exaspérée par la faim : les chaudières de Jean-Bart sont simplement vidées, celles de Crèvecœur sont détériorées, la pompe de Gaston-Marie, littéralement massacrée, meurt comme un être vivant dans « un hoquet d'agonie » ;

— de l'ivresse de la foule et de son meneur Étienne ;

— de la tension dramatique qui naît de la rivalité entre Étienne et Chaval.

## La vision idéologique

La foule est toujours désignée par des mots inquiétants, métaphores filées de l'inondation et du troupeau emballé ou vocabulaire dépréciatif (la bande, la horde). Dans sa volonté de dramatisation, le narrateur a recours aux stéréotypes qui font du peuple en mouvement un être dangereux, plus proche de l'animal que de l'humain. Mais il n'oublie pas de rappeler les responsabilités, celle d'Étienne dont la propagande a ensauvagé les yeux de la Maheude « qui semblait chercher au loin la cité de justice promise », celle surtout de la société qui a fait naître chez les mineurs « la haine du travail mal payé » et qui explique leur violence : « Des années et des années de faim les torturaient d'une fringale de massacre et de destruction. »

## V - CHAPITRE 5

**RESUME**

M. Hennebeau, resté seul, apprend la tenue de la réunion de Vandame puis les exactions des grévistes. Incertain des intentions de la Régie dont il a perdu la faveur, il hésite à demander l'aide du préfet. En cherchant un document dans la chambre de son neveu, il aperçoit dans le lit encore en désordre un petit flacon d'or qui lui révèle l'adultère de sa femme. D'abord accablé par cette découverte abominable qui lui rappelle tout un passé de souffrance, il s'abandonne ensuite à sa rage et décide de chasser les deux monstres. Revenu à son travail, il comprend que la Régie souhaite un affrontement et fait appel à l'armée.

Le soir, les manifestants envahissent Montsou. Au retour de leur partie de plaisir, Mme Hennebeau, ses demoiselles et Négrel, réfugiés dans une étable, ont vu dans la foule effrayante ensanglantée par le soleil couchant une image de la révolution prochaine. A Montsou, les bourgeois pris de panique se barricadent. Remonté dans la chambre de Négrel pour observer la foule, M. Hennebeau, résigné, accepte le nouvel adultère de sa femme. Aux mineurs qui réclament du pain devant la cuisine où l'on prépare un dîner raffiné, il crie son malheur d'homme privé d'amour, son dégoût d'une richesse qui ne lui permet pas de satisfaire sa passion et son désir du néant. Ses paroles et ses larmes passent inaperçues dans les hurlements de la foule affamée.

**COMMENTAIRE**

### Une composition habile

Ce chapitre, centré sur les bourgeois et surtout sur le personnage d'Hennebeau, est construit sur **plusieurs oppositions** :

— Il met en regard le « drame humain » du directeur et le « drame social » des mineurs, selon les termes de Zola lui-même.

— La foule des grévistes est toujours vue par les bourgeois (d'une fenêtre ou à travers les fentes d'une porte), ce qui permet de confronter les préoccupations des uns et des autres.

— Alors que les bourgeois terrorisés pensent à protéger leurs personnes et leurs biens, M. Hennebeau crie son mépris de la fortune et son amour bafoué. Ce personnage acquiert ainsi une richesse humaine dont est privée son épouse, toujours réduite à une caricature (« Ces sales ouvriers ont encore choisi un jour où j'ai du monde. »).

## Le drame d'Hennebeau

Déjà abordé dans IV,4, il atteint ici son paroxysme. Il permet à Zola de relativiser la misère des mineurs en peignant « la souffrance inassouvie des passions », que seuls les bourgeois connaissent, le peuple n'ayant d'autres désirs que de satisfaire ses instincts. Cette conception simpliste des classes sociales, qui semble partagée par le narrateur et son personnage, est aussi le moyen de déprécier l'idéal révolutionnaire au nom d'un **pessimisme noir**, proclamant le goût du néant, qui était une **tentation profonde de Zola**.

Le texte autorise aussi une autre analyse : c'est un « malentendu immédiat de cœur et de chair » qui sépare les deux époux. Tel le frère Archangias de *La Faute de l'abbé Mouret*, Hennebeau associe les relations des amants (« des bêtes puantes ») au mal, au péché, comme le montre l'emploi d'un vocabulaire chrétien (« débauche, fornication, vice, saletés, ordure », etc.). Cela révèle chez le personnage la force d'un **interdit** jeté sur l'ensemble de la sexualité. La liaison de Mme Hennebeau avec celui qui n'est que le neveu de son mari prend ainsi des allures d'**inceste**. D'ailleurs Hennebeau condamne aussi bien les « débordements » de Dansaert et de la Pierronne qui ne le touchent pourtant pas. Cet « homme pur » est plus qu'un banal mari trompé : il incarne une figure d'impuissant, fréquente dans les romans de Zola.

## « La vision rouge de la révolution »

La description de la foule défilant devant Négrel et les bourgeoises cachés dans une étable constitue **un des sommets du roman**.

Un premier paragraphe présente les mineurs dans l'ordre de leur passage en un tableau d'un expressionnisme violent, d'une grandeur sauvage (une « belle horreur ») que goûtent les filles Deneulin. Il traduit à la fois la **misère** et la **force du peuple**. La dépersonnalisation des individus, « effacés dans la même uniformité terreuse », y est totale. La puissance dangereuse de la masse s'exprime dans la métaphore filée du troupeau et dans la référence implicite aux journées d'émeutes de la Révolution française que l'on peut lire dans l'évocation des femmes, de la Marseillaise et de la hache comparée à une guillotine.

Un autre paragraphe, où les voix des personnages bourgeois et du narrateur sont confondues, donne la **signification politique** de la scène. Le renversement de la société bourgeoise y prend des allures de fin du monde. L'image du « grand soir » s'y nourrit des mythes anarchistes et du souvenir des lointaines jacqueries. Zola entend manifestement donner un avertissement à son public bourgeois. Dans une lettre de décembre 1885 à un directeur de journal, il écrit :

« Ce que j'ai voulu, c'est crier aux heureux de ce monde, à ceux qui sont les maîtres :

Prenez garde, regardez sous terre, voyez ces misérables qui travaillent et qui souffrent. Il est peut-être temps encore d'éviter les catastrophes finales. Mais hâtez-vous d'être justes, autrement, voilà le péril : la terre s'ouvrira et les nations s'engloutiront dans un des plus effroyables bouleversements de l'Histoire.

[...] Les familles doivent me lire. Vous tous qui travaillez, lisez, et lorsque vous aurez crié pitié et justice, ma tâche sera remplie. »

## V - CHAPITRE 6

### RESUME

Étienne a repris son sang-froid. Incapable de diriger les grévistes, il cherche à détourner leur fureur de l'hôtel du directeur. Bien que surexcitée, la foule s'écarte pour laisser passer les Grégoire qui, inconscients du danger, se rendent à pied chez M. Hennebeau. Celui-ci tente de calmer ses invités et Maigrat qui a barricadé son magasin.

Négrel réussit à ramener Mme Hennebeau et les filles Deneulin au milieu d'un flot de femmes hostiles, mais dans la confusion, Cécile, paralysée par la peur, est restée dehors. Les femmes s'en prennent à sa toilette, Bonnemort, presque inconscient, fait le geste de l'étrangler. Au moment où Étienne, pour faire diversion, lance la foule sur l'épicerie voisine, Deneulin arrive à cheval, délivre Cécile et parvient à entrer dans la maison bombardée de pierres. L'annonce de sa ruine prochaine rassérène M. Hennebeau : il pourra négocier le rachat de sa fosse et rentrer en grâce à la Régie.

Cependant Maigrat, monté sur un hangar pour regagner son épicerie menacée, est pris à parti par les femmes qui menacent de le châtrer. Il se tue en tombant du toit en pente. Les femmes s'acharnent alors sur son cadavre : la Maheude lui emplit la bouche de terre, la Brûlé lui arrache les parties génitales et les promène au bout d'un bâton. Toutes triomphent devant les mineurs médusés et les bourgeoises muettes.

Catherine vient prévenir Étienne et son père d'une trahison de Chaval ; la foule s'évanouit et les gendarmes entrent dans Montsou désert, suivis de la voiture du pâtissier venu livrer les vol-au-vent pour le dîner de Mme Hennebeau.

## COMMENTAIRE

### « Une terrible sauvagerie »

La violence, croissante dans toute cette cinquième partie, atteint son point culminant quand les mineurs s'en prennent aux personnes, à Cécile Grégoire puis à Maigrat. Dans l'*Ebauche* de *Germinal*, Zola écrivait : « Les ouvriers lâchés vont jusqu'au crime : il faut que le lecteur bourgeois ait un frisson de terreur. Maison attaquée à coups de pierres, siège en règle : personnes tuées, éventrées ; sauvagerie abominable. » N'ayant pas trouvé trace, dans les grèves de 1869-1870, d'une telle barbarie, et voulant éviter le récit d'un procès, le romancier a renoncé au crime. Mais il en a conservé l'horreur en racontant longuement la castration du cadavre de Maigrat. Une telle violence n'est toutefois pas gratuite dans la mesure où l'épicier expie ses violences sexuelles passées. D'autre part, la présence de sa femme, battue par son mari, et qui, sans mot dire, peut-être en souriant, assiste à la scène de sa fenêtre contribue à donner à l'accident et à la mutilation l'allure d'un **châtiment**.

### La violence des femmes

Devenues de vraies « furies », elles occupent maintenant le devant de la scène, les hommes restant au second plan (« Ni Étienne, ni Maheu, ni les autres n'avaient eu le temps d'intervenir. »). Faute d'avoir pu mettre Cécile « le cul à l'air », elles mutilent Maigrat comme si leur agressivité sauvage était le produit d'une sexualité exacerbée. Les personnages féminins, dans l'univers romanesque de Zola, sont souvent inquiétants (que l'on songe aux poissonnières du *Ventre de Paris*). Leur engagement politique, si contraire à la réserve des bourgeoises de l'époque, les rabaisse au rang d'êtres sadiques et monstrueux.

### Un final artiste

Zola termine habilement ce chapitre (et cette partie) en jouant des contrastes et des variations de champ. D'une part, l'**élargissement de la vision**, du cadavre de Maigrat aux façades closes des maisons bourgeoises, à la plaine et au ciel ainsi que les **effets de contraste** entre le noir et le blanc puis le noir et le rouge produisent des images saisissantes de **fin du monde** ; d'autre part, le **contrepoint final**, d'un comique grinçant, révèle l'attachement de la bourgeoisie à sa situation privilégiée et à ses plaisirs et promet des affrontements plus tragiques.

## SIXIÈME PARTIE

### La composition

Cette sixième partie fait alterner les **passages d'analyse ou de discussion** et les **épisodes dramatiques**. Les analyses du narrateur, les réflexions d'Étienne, ses conversations avec le soldat, la Maheude, Rasseneur et Souvarine préparent les dénouements de la sixième partie (la fusillade) et de la septième partie (le sabotage de Souvarine et le départ d'Étienne). Les événements dramatiques sont distribués pratiquement dans chaque chapitre : chapitre 2 : mort d'Alzire ; chapitre 3 : duel entre Étienne et Chaval ; chapitre 4 : assassinat du petit soldat par Jeanlin ; chapitre 5 : heurt sanglant entre la troupe et les mineurs. Ils sont classés selon une **progression** qui entretient la tension dans tout l'ensemble.

### La temporalité

Cette partie couvre environ **trois semaines de février 1867**. Le ralentissement du rythme de la narration met en valeur les événements des trois derniers chapitres qui durent une douzaine d'heures (du dimanche soir au lundi matin), pendant lesquelles les intrigues amoureuses (celles d'Étienne-Catherine-Chaval et Bébert-Lydie-Jeanlin) et sociale (l'histoire de la grève) se développent parallèlement.

Le choix de la **saison** et de l'**heure** est significatif. La neige puis la boue du dégel rendent encore plus poignantes la misère et la mort des mineurs ainsi que la fatalité qui pèse sur l'amour d'Étienne et Catherine (qui sont « dans le gâchis jusqu'aux chevilles »). La **nuit d'hiver**, qui s'accorde au caractère tragique des événements et des descriptions, prend aussi une **valeur symbolique** quand elle sert de cadre à l'ignorance d'Étienne et des Maheu (chapitres 1 et 2), à la sauvagerie animale de Jeanlin (chapitre 4) et à la solitude totale de Catherine, dont l'errance nocturne n'est pas sans rappeler celle de Gervaise, à la fin de *L'Assommoir*. Après une telle nuit, l'aube ne peut être que sinistre.

### Le martyre des mineurs

Il est ici longuement décrit. En dehors de l'épisode de Jeanlin (qui paraît d'ailleurs quelque peu artificiel, échappant à la logique des actions), nous ne voyons plus les barbares de la cinquième partie mais « les déshérités de ce monde », « sans lumière, sans feu, sans pain », que leur « enragement » conduit au sacrifice. L'affaiblissement de la thématique révolutionnaire (Étienne est plus un témoin qu'un acteur), la sympathie du romancier pour une classe souffrante, la fidélité à ses documents expliquent sans doute la tonalité de ce passage qui, au-delà du Second Empire, porte **condamnation de l'ordre bourgeois**.

## VI - CHAPITRE 1

RESUME

**L'armée occupe les fosses, que les mineurs désertent de plus en plus. La Compagnie a renvoyé quelques mineurs, dont Maheu. On recherche Étienne, introuvable. Le nouveau curé de Montsou accroît la panique des bourgeois en vilipendant leur richesse.**

**Pendant deux semaines, Étienne se terre à Réquillart, où Jeanlin le nourrit de ses rapines. Honteux de son propre accès de violence, dégoûté par la misère et la vulgarité des mineurs, il rêve d'échapper à la condition ouvrière et ambitionne maintenant de faire une carrière politique.**

Ensuite, au cours de promenades nocturnes, il s'interroge : le manque de charbon, la dégradation rapide des fosses mal entretenues, feront-ils céder la Compagnie ? Mais celle-ci, qui se montre surtout soucieuse d'absorber la concession de Deneulin, conserve une puissance financière désespérante.

Une nuit, Étienne va jusqu'au Voreux, dont des charpentiers réparent le cuvelage très endommagé. Rêvant de voir les soldats prendre le parti du peuple, il aborde une sentinelle en faction sur le terril, mais ce jeune Breton est prêt à obéir à tous les ordres pour rentrer plus vite chez lui.

Découragé, Étienne regagne son trou.

COMMENTAIRE

### Un chapitre de transition

Après des chapitres riches en événements dramatiques, Zola prépare ici de nouveaux développements, qui sont clairement annoncés par la peur des bourgeois, l'obstination et les manœuvres de la Compagnie, l'exaspération des mineurs, comparés à « des fauves en cage, les yeux sur le dompteur, prêts à lui manger la nuque, s'il tournait le dos » et enfin la discipline du soldat (« Si on lui commandait de tirer, il tirerait, pour n'être pas puni. »). Il réunit ainsi les conditions de l'**affrontement entre soldats et mineurs** à la fin de la sixième partie.

En outre, les précisions sur l'état des fosses et surtout du cuvelage du Voreux, sont données dans la perspective du **sabotage** de la septième partie. Enfin, la panique des bourgeois explique l'absence de poursuites judiciaires contre les mineurs.

### L'évolution d'Étienne

Sensible dès le chapitre III,3, elle est ici nettement perceptible. Sa retraite forcée consacre sa **différence** : rêvant de quitter non seulement la mine mais aussi la condition ouvrière, comme Pluchart, il va découvrir peu à peu que sa foi socialiste masque et sert son ambition personnelle ; le collectiviste a ainsi « l'âme d'un de ces bourgeois qu'il exécrait ». C'est pourquoi, malgré ses scrupules, Étienne se détermine pour la poursuite du mouvement : « La fin de la grève, n'était-ce pas la fin de son rôle, son ambition par terre ? » Ses intérêts ne recouvrent pas exactement ceux des mineurs, et la trahison est au bout du chemin.

### Le socialisme évangélique

L'abbé Ranvier veut concilier christianisme et socialisme en détruisant la société bourgeoise. Le nouveau curé de Montsou, « maigre aux yeux de braise », est l'exact opposé de son prédécesseur, « homme gras et doux ». Ses idées révolutionnaires apparaissent donc comme le produit de son tempérament, selon la typologie zolienne des personnages qui fait des maigres des insatisfaits plus ou moins agressifs et des gras des conservateurs prudents.

## VI - CHAPITRE 2

**RESUME**

La neige enveloppe le coron d'un linceul de mort. Les Maheu attendent le docteur : Alzire est mourante.

Les Levaque font soudain irruption dans la pièce pour se plaindre de commérages, mais la colère des deux familles se dirige bientôt contre la Pierronne, qui les a calomniées l'une et l'autre. On découvre alors que la jeune femme, qui a mis dehors son mari et sa fille, est justement avec son amant Dansaert. Bien que surprise en flagrant délit d'adultère, elle fait face à ses accusateurs et obtient même l'aide de Pierron, qui se fait rosser par Levaque et Maheu.

En visite chez les grévistes, l'abbé Ranvier leur demande d'aller à la messe, prédit la venue du règne de Dieu, le bonheur des pauvres et le châtiment des riches, mais ne se soucie pas de leur venir en aide.

Étienne, profitant de la nuit, entre alors chez les Maheu. Atterré par leur misère, il envisage de mettre fin à la grève, provoquant la fureur de la Maheude qui ne croit plus qu'en la violence et ne veut pas entendre parler de négociation.

L'angoisse grandit encore quand Lénore et Henri, que leur mère elle-même avait envoyés mendier, rentrent les mains vides. La Maheude, en larmes, appelle la mort. Le docteur arrive enfin, mais c'est pour constater la mort d'Alzire.

Dans la pièce noire, la Maheude se lamente et prie Dieu de les prendre tous « pour en finir ».

COMMENTAIRE

### La misère des mineurs

Elle fait l'objet d'un tableau sombre et émouvant. Le sort affreux de la famille Maheu est censé représenter celui de tout le coron, comparé à un « village mort, drapé dans son linceul » de neige. La Maheude a vendu jusqu'à la boîte de carton rose qui consacrait son union avec Maheu ; sauf chez le « traître Pierron », on manque de tout et l'on meurt littéralement de faim.

### La mort d'Alzire

Seule Alzire échappe au jugement dépréciatif généralement porté sur les enfants dans *Germinal* : sa mort apparaît donc comme **une injustice criante.** C'est la souffrance du peuple des mineurs qui est exprimée symboliquement ici, comme lors de l'accident de Jeanlin. Ces deux martyres montrent que les ouvriers n'ont pour avenir que la dégénérescence physique et morale et la mort précoce.

### L'isolement d'Étienne

Les mineurs, à qui Étienne a promis des miracles, commencent à se détacher de lui. Ceux qui conservent leur foi, comme la Maheude, semblent n'avoir retenu que les éléments anarchistes des discours d'Étienne, qui est donc à la fois **responsable** de cet « enragement » et **incapable** de le comprendre. Il en sera bientôt la victime.

### Socialisme et religion

Le rapprochement entre socialisme et religion, déjà noté à propos d'Étienne et des mineurs (voir III,3 et IV,7), est ici évident. Les discours de l'**abbé Ranvier,** idéaliste, mystique et sectaire, ressemblent à ceux d'Étienne, ainsi que le remarque la Maheude. Comme Étienne, l'abbé ignore ou méprise la réalité et substitue la parole aux actes. L'ironie du narrateur est très nette : ce prêtre, qui ne pense même pas à pratiquer une charité que les circonstances rendent indispensable, paraît surtout animé par le souci de **ramener les mineurs à la religion.** En somme, il s'agit toujours de diriger le peuple. Ranvier semble être une **caricature d'Étienne,** il participe de la même vision négative du révolutionnaire, la ressemblance s'étendant jusqu'à leurs noms, qui constituent un couple de paronymes : Ranvier/Lantier.

## VI - CHAPITRE 3

RESUME

Ce dimanche soir, Étienne, venu discuter avec Souvarine, est accueilli par Rasseneur dans son cabaret vide. Ils échangent des nouvelles : la Compagnie a fait venir des mineurs belges pour travailler au Voreux, l'Internationale est ruinée par ses divisions, Pluchart est persuadé de l'échec de la grève. A Rasseneur qui lui demande de faire « entendre raison aux camarades », Étienne rétorque que leurs souffrances ne sont pas inutiles à la cause du peuple. Lui-même, conscient de la défaite, aspire maintenant au martyre.

Souvarine, lui aussi, est déçu : les anarchistes russes ont donné dans la politique et perdu le culte de la destruction ; les ouvriers français ne rêvent que de plaisir et de rentes. Cependant, lui qui affirme vouloir détruire la terre entière, s'émeut en apprenant que, sans le savoir, il a mangé avec les Rasseneur la lapine qu'il aimait tant caresser.

Catherine et son amant font soudain irruption dans le cabaret. Chaval, à moitié ivre, déclare fêter la reprise du travail : on l'a engagé au Voreux, il dirigera douze Belges dès le lendemain matin. Devant le silence méprisant d'Étienne, il se fait si provocant que le jeune homme, calmement, accepte un combat régulier : « Il y a assez longtemps que l'un des deux doit manger l'autre ». Le règlement de comptes tourne vite à l'avantage d'Étienne, plus petit, mais plus intelligent. Chaval sort alors son couteau, mais, prévenu par Catherine, Étienne réussit à désarmer le traître. Surmontant un violent désir de le tuer, il le laisse partir. Chaval sort, enragé et sanglant, en abandonnant Catherine à Étienne.

## L'échec des révolutionnaires

Zola lui donne des causes historiques, s'inspirant d'événements contemporains de l'action (la crise de la première Internationale) ou de la rédaction du roman (les dissensions chez les anarchistes russes). Mais l'échec apparaît aussi comme inhérent à la « nature » profonde du révolutionnaire. Celui-ci, en effet, se trouve placé devant une alternative : ou bien il transige avec ses idées et se compromet dans la politique, dont le roman donne une image plutôt dépréciative, ou bien la fidélité à son idéal le conduit au sacrifice, la mort étant une gloire et un refuge. Ce « secret désir du vaincu » révèle qu'**Étienne** est **inadapté à la société,** étranger à ses semblables. De même, Souvarine stigmatise les ouvriers français qui rêvent de remplacer les bourgeois et qui jouent à la loterie. Au contraire, le fait que Rasseneur se moque de la colère de l'anarchiste est une nouvelle preuve de sa modération politique. Pour le révolutionnaire, sa relation au peuple ne peut donc être que **source de désillusion** : celui-ci a envie de vivre, celui-là fait montre d'une réserve (voire d'un refus des « jouissances » de la vie) que le texte présente comme peu naturelle. Ce refoulement est visible dans le « malaise inconscient » de Souvarine privé de sa lapine comme dans les rapports d'Étienne et des femmes (le début du chapitre suivant le décrit comme « embarrassé de cette femme qu'on lui donnait »). Ainsi se confirme l'idée que Zola attribue aux révolutionnaires authentiques un tempérament particulier qui les met à l'écart des hommes.

## Une scène mélodramatique

Le récit d'une rixe vient animer ce troisième chapitre, surtout consacré à des discussions et à des réflexions. Zola en trouve la matière dans l'intrigue amoureuse qui double l'intrigue sociale de *Germinal* : **Chaval,** doublement jaloux d'Étienne, joue les briseurs de grève et les provocateurs. Il incarne la **figure du méchant et du traître,** alors qu'Étienne, cette fois, réussit à dominer sa pulsion homicide et se contente de lui donner une leçon. Catherine, elle, partagée entre ce qu'elle croit être son devoir envers Chaval et ses sentiments pour Étienne, finit par écouter son cœur et par prendre le parti du bon contre le traître, qui est ici châtié. Tous les ingrédients d'une scène mélodramatique (coups bas, traîtrise, suspense, amour, dénouement moral) sont donc réunis.

Ce deuxième affrontement entre Étienne et Chaval (après celui de la cinquième partie) correspond aussi à la logique de la situation triangulaire, dont il prépare le dénouement.

## VI - CHAPITRE 4

### RESUME

Dehors, Étienne, d'abord embarrassé par Catherine, finit par lui proposer de vivre avec lui. La jeune fille refuse, invoquant les relations d'Étienne et de la Mouquette, puis sa mauvaise santé. Leur pudeur est telle qu'ils ne peuvent même pas s'embrasser. Catherine regagne la chambre vide de Chaval, accompagnée par Étienne désespéré.

Préoccupé par l'arrivée des ouvriers belges, le jeune homme arrive au Voreux au moment où Jeanlin assassine la sentinelle du terril : le petit monstre a tué, par simple « envie », le jeune Breton qui ne rêvait que de rentrer vite chez lui. Aidé de Jeanlin, il fait disparaître le cadavre à Réquillart.

Cette affreuse besogne terminée, tandis que Jeanlin cuve son crime, Étienne réfléchit au meurtre qu'il a lui-même failli commettre quelques instants plus tôt. Pour échapper à l'angoisse, il remonte à la surface et va rôder autour du Voreux où la disparition du soldat est interprétée comme une désertion. A cinq heures, voyant que la descente des Belges commence, il va prévenir ses camarades.

Catherine, que Chaval a chassée en la trouvant dans sa chambre, a connu une nuit d'errance dans le froid et la boue du dégel, entre Montsou et le Voreux, cherchant vaguement Étienne. Au lever du jour, elle voit Bébert et Lydie sortir d'une cachette où, en l'absence de Jeanlin, ils ont connu leur première nuit de tendresse.

Au moment où les soldats prennent les armes, Étienne arrive, précédant un groupe de mineurs furieux.

COMMENTAIRE

## Le crime de Jeanlin

Cet acte barbare peut recevoir plusieurs interprétations. Comme la rixe entre Chaval et Étienne, il apporte d'abord le contraste d'une scène de cauchemar dans un chapitre d'analyse et de préparation de l'action principale (la confrontation des soldats et des grévistes).

Ce crime est aussi l'aboutissement de la dégénérescence morale de Jeanlin, toujours qualifié ici par des métaphores animales (« bête rampante », « fouine », « chat sauvage »), comme s'il avait régressé à un stade primitif, intermédiaire entre la bête et l'homme. A ce titre, le meurtrier est irresponsable, victime, comme dans une tragédie, d'un destin qui pèse sur sa « race ». La **fatalité** est ici **sociale.**

L'assassinat est en outre expliqué par les discours révolutionnaires que l'enfant a entendus, et c'est la responsabilité d'Étienne qui est en cause, Étienne qui, quelques instants plus tard, rêvera encore d'un « massacre de bourgeois ». Jeanlin, déjà à la tête de l'émeute, dans la cinquième partie, fait ainsi figure de **Gavroche dégénéré.**

Enfin, comme la folie homicide d'Étienne, la pulsion de mort de Jeanlin correspond à une perversion, un dévoiement de l'instinct sexuel (analysé dans *La Bête humaine* qui, initialement, devait d'abord avoir Étienne pour héros). Le vocabulaire de l'amour, présent dans ce passage (« J'en avais envie », dit Jeanlin, dont le couteau porte « la devise galante » : « Amour ») comme dans le chapitre précédent (Étienne « luttait contre le mal héréditaire, avec le frisson désespéré d'un furieux amour qui se débat au bord du viol »), est révélateur à ce sujet. Le crime de Jeanlin prépare ainsi Étienne au meurtre en lui faisant presque regretter de n'avoir pas frappé Chaval : « Était-ce donc qu'il fût lâche ? » Il vient de découvrir « le courage de tuer, le droit de tuer ».

## L'évolution des relations affectives

Ce chapitre réunit curieusement les deux « triangles » au moment où leurs relations évoluent parallèlement.

Après sa défaite, Chaval a donné Catherine à Étienne mais leur désir ne suffit pas encore à dissiper la « timidité » singulière, « cette pudeur ancienne » qui leur interdit de s'embrasser. La fidélité obstinée de la jeune fille à son amant brutal n'est entamée qu'à la fin du chapitre, qui laisse présager la constitution du couple Étienne-Catherine.

Chez les enfants, l'absence de Jeanlin, qui a goûté cette nuit le plaisir du meurtre, permet à Bébert et à Lydie de donner enfin libre cours à leur tendresse réciproque, mais cette transgression de l'interdit ne sera pas sans conséquence. Par un **effet de miroir** fréquent chez Zola, c'est Catherine, à la recherche d'Étienne, qui observe la sortie des deux enfants après leur nuit de bonheur.

## VI - CHAPITRE 5

RESUME

Soixante soldats gardent la porte d'accès au Voreux. On remonte le cadavre de Trompette, un cheval qui n'a pu s'habituer à la mine.

La foule, de plus en plus nombreuse, réclame le départ des Belges. Étienne appelle vainement le jeune capitaine à fraterniser au nom de la justice et de la république ; son refus exaspère les mineurs qui, aiguillonnés par la Brûlé, s'en prennent à ses hommes sans craindre leurs baïonnettes. La nervosité des soldats augmente avec la violence des insultes. Le vieux porion Richomme ne réussit pas à calmer les mineurs qu'Étienne ne peut plus contenir.

Le capitaine, voulant les impressionner, fait charger les fusils, puis arrêter trois hommes. Les militaires sont alors bombardés de briques par les femmes surexcitées, auxquelles se sont joints Catherine, révoltée par son existence de malheur, et son père, que la Maheude a poussé au premier rang. Soudain, leur position devenant intenable, les soldats tirent sans attendre l'ordre du capitaine, tuant Bébert et Lydie, la Brûlé et le porion Richomme, la Mouquette et son frère, et enfin Maheu.

La fusillade a dispersé la foule, laissant Étienne seul, debout au milieu des morts et attendant toujours la balle qui l'emportera. Il est rappelé à la réalité par les cris de l'abbé Ranvier qui, découvrant le spectacle horrible du cheval et des mineurs gisant dans la boue, éclate en imprécations vengeresses contre la bourgeoisie.

## Les sources historiques

Comme dans la cinquième partie, Zola utilise les notes qu'il a prises sur les grèves de La Ricamarie et d'Aubin en 1869. La plupart des détails de ce chapitre sont donc directement inspirés d'événements réels.

## L'attitude des femmes

Très agressives, elles excitent les hommes à se battre, conformément aux documents, mais le romancier donne à la Brûlé, à la Levaque, à la Mouquette et à la Maheude une place déterminante, plus conforme aux stéréotypes de la littérature anticommunarde qu'à la réalité. Maheu a été ainsi poussé devant les fusils par sa femme qui « aboyait derrière lui des paroles de mort ».

## La composition

Un long premier mouvement, dont la progression dramatique conduit logiquement à la catastrophe, s'oppose à un second mouvement beaucoup plus court qui montre les conséquences de la fusillade. Celle-ci est décrite de plusieurs points de vue. Il y a d'abord celui du capitaine (en proie à un cas de conscience, que le texte ne fait que suggérer) et des soldats en position de légitime défense : le rythme désordonné des coups de feu traduit l'angoisse des militaires, qui ne sont donc pas présentés comme des tueurs insensibles. Zola montre ensuite l'effet produit sur la foule (stupeur puis panique) qui, d'agresseur, devient soudain martyre. Enfin, par un montage habile, un retour en arrière décrit en une série de plans rapprochés la mort de chaque victime, sans ménager les effets mélodramatiques.

Selon un procédé fréquent dans le roman, l'avant-dernier paragraphe élargit brusquement le champ pour faire apparaître les spectateurs du drame, d'un côté les visages effarés de Négrel et Dansaert et le regard menaçant de Souvarine, de l'autre la silhouette du vieux Bonnemort assistant à « l'égorgement des siens » et qui fait figure d'ancêtre mythique. La malédiction de l'abbé Ranvier souligne le caractère monstrueux de cette fusillade en l'élevant à la dimension d'un sacrilège.

## Le choix des victimes

Il ne doit rien au hasard. D'une part, l'**absurdité de la répression** est exprimée par la mort simultanée de révoltés (Maheu, la Mouquette, la Brûlé), d'un spectateur sceptique (Mouquet) et d'un partisan du calme (le porion Richomme). D'autre part, les coups de feu contribuent au dénouement des deux intrigues amoureuses parallèles : la **mort** de Bébert et Lydie a **valeur de châtiment**, après la transgression de l'interdit qui pesait sur leur amour, la mort de la Mouquette supprime un obstacle (faible, il est vrai) à l'union de Catherine et Étienne.

## SEPTIÈME PARTIE

### La composition

La **fusillade**, à la fin de la sixième partie, a marqué, de fait, l'**échec de la grève.** Dans les deux premiers chapitres, Zola détache en quelque sorte Étienne de l'intrigue collective afin de pouvoir développer l'intrigue amoureuse dont il est aussi le héros. Ainsi, sa lapidation consacre sa rupture avec la foule (ch. 1) et sa décision irréfléchie, sentimentale, de reprendre le travail avec Catherine le lie à la jeune fille.

Les chapitres trois à cinq situent l'intrigue collective sur un plan nouveau : les mineurs, unis maintenant aux « chefs », y affrontent les éléments conjurés (l'eau, la terre et le feu) dans une longue séquence dramatique où le dénouement des deux intrigues amoureuses passe presque pour des péripéties. L'écroulement du Voreux et le sauvetage d'Étienne font l'objet de deux récits emboîtés, le roman alternant le point de vue des emmurés (début de VII,3 et VII,5) et celui des témoins et des sauveteurs (fin de VII,3 et VII,4). Cela permet d'entretenir le suspense jusqu'à la fin du chapitre cinq où convergent les deux récits mais aussi de doubler les scènes dramatiques. Par exemple, la rupture du canal donne lieu d'abord à une description d'une grandeur et d'une horreur bibliques pour les spectateurs terrifiés (ch. 3), puis au récit angoissant de la fuite d'Étienne et Catherine devant la montée des eaux (ch. 5). Cette **multiplication des points de vue** n'est jamais source de confusion pour le lecteur. Zola ménage son confort en structurant ces deux récits complémentaires autour de quelques événements communs clairement datés : établissement du contact entre sauveteurs et emmurés (troisième jour), coup de grisou (douzième jour), perte du contact (quinzième jour).

Le sixième chapitre, précédé d'une **ellipse de six semaines** qui l'isole des précédents et autorise un **changement complet de point de vue,** fait figure d'épilogue. Zola y tire la **leçon** du roman.

## Les dénouements

**Les intrigues amoureuses** se dénouent de façon dramatique par la mort de Cécile (voir VII,4), de Chaval et de Catherine (voir VII,5). Seul subsiste le couple de bourgeois pervers et hypocrites, grâce à la complaisance du mari. Le roman donne ainsi de l'amour une **vision très négative** mais habituelle dans l'univers romanesque de Zola où le désir est souvent associé au vice et à la culpabilité.

**L'intrigue sociale** connaît un triple dénouement.

Le premier intervient dès le premier chapitre avec la lapidation d'Étienne. Les mineurs semblent avoir retrouvé leur résignation passée et la grève est donc condamnée à l'échec. Ce dénouement pessimiste est conforme aux sources historiques de Zola, à la logique des faits et à la vision idéologique que le texte donne du peuple en mouvement.

Le deuxième dénouement, en rupture avec le précédent, se produit alors : la victoire de la Compagnie est démentie par le sabotage et la ruine du Voreux (même si la situation des mineurs s'en trouve aggravée aussi). Le récit de l'écroulement de la mine prend une telle ampleur que la menace anarchiste est parfois oubliée : dans cette **vision d'apocalypse,** les éléments s'animent, la terre mange la fosse qui mangeait les ouvriers, **annonçant,** symboliquement, **l'éclatement de la société** si la bourgeoisie persiste à faire de la vie du peuple un enfer.

Le roman s'achève pourtant sur des **pages optimistes,** lyriques même, qui témoignent de la confiance du narrateur dans l'avenir. Cela le distingue de bien des bourgeois et intellectuels de son temps pour lesquels la perspective d'un changement de société prenait des allures de fin du monde. La révolution n'est que partie remise et l'échec de la grève se trouve relativisé : cette expérience douloureuse a transformé les mineurs (plus combatifs, ils sont maintenant acquis à la nécessité d'une lutte patiente et organisée) et formé le révolutionnaire (voir VII,6). Un tel final qui intègre un événement dramatique (dont le romancier, selon son expression, ne s'est pas privé de tirer de « gros effets ») dans un mouvement globalement orienté vers le **progrès** exprime bien le **tempérament synthétique** de Zola.

## VII - CHAPITRE 1

RESUME

La fusillade ayant eu un retentissement national, la Compagnie veut maintenant mettre fin à la grève, tout en continuant à négocier avec Deneulin. Elle renvoie les Belges et l'armée et promet de vagues améliorations après la reprise du travail, fixée au lundi suivant. Méfiants, les mineurs attendent et se taisent.

Chez les Maheu, où Étienne et Catherine logent à nouveau, l'atmosphère est sinistre. La Maheude, après cinq jours de mutisme, s'en prend à sa fille qui souhaite reprendre le travail, puis à la Compagnie et enfin à Étienne : avec ses rêves de bonheur impossible, il a fait le malheur des mineurs.

Le jeune homme, accablé, erre dans les rues, en butte à l'hostilité générale. Rendu responsable des morts, abreuvé d'injures, le meneur fait l'amère expérience de la perte de sa popularité. Il échappe à la lapidation grâce à l'intervention de Rasseneur qui fait acclamer son habituel discours réformiste. Étienne s'interroge : a-t-il su faire face à la situation ? Méprisant la violence barbare du peuple, il rejoint Rasseneur dans un fatalisme désabusé.

Ce même jour, chez les Grégoire, les fiançailles de Cécile et Négrel sont célébrées dans la joie générale. Rentré en grâce à la Régie, M. Hennebeau attend la légion d'honneur. Il a obtenu le déplacement de l'abbé Ranvier. Seul Deneulin est triste : il vient de se résigner à vendre sa concession de Vandame, où il ne sera plus qu'un ingénieur de la Compagnie.

COMMENTAIRE

### L'échec des mineurs

Il est maintenant certain et seule leur solidarité face aux sanctions les fait « s'entêter encore ». La grève a seulement accru leur malheur, comme le dit la Maheude, figure émouvante de la misère sociale. Si elle a ébranlé le régime (ce que Zola mentionne rapidement pour inscrire *Germinal* dans la perspective historique des *Rougon-Macquart*), cela ne paraît pas les concerner.

### L'échec du meneur

Au moment où son autorité sur les mineurs était bien établie, Étienne doutait déjà de lui-même, éprouvant « une inquiétude sur sa mission, la peur de ne pas être l'homme attendu » (IV,3). Après la journée de violences, il s'est détaché de ses camarades : « Quelle nausée, ces misérables en tas, vivant au baquet commun ! Pas un avec qui causer politique sérieusement, une existence de bétail, toujours le même air empesté d'oignon où l'on étouffait ! » (VI,1). Persuadé de l'échec de la grève, il ne souhaitait plus que de **finir en martyr** (voir VI,3).

Épargné par le romancier (qui prévoyait de réutiliser son personnage dans *La Bête humaine*), Étienne fait le **bilan** de son action, non sans mauvaise foi : confirmé dans son dégoût des mineurs, des « brutes » qu'il n'a pas su « dompter » (il est curieux de voir que le révolutionnaire s'exprime ici comme le patron Deneulin au chap. V,3), il prend conscience de la relation dialectique du meneur et de la foule (« Jamais, d'ailleurs, il ne les avait dirigés, c'étaient eux qui le menaient ») mais refuse de reconnaître l'ambiguïté de ses discours passés, que ses camarades ont interprétés comme la promesse d'« une existence de mangeaille et de paresse ». Ayant maintenant l'âme d'un bourgeois, le meneur a peur de ces « enragés-là », de « cette masse énorme, aveugle et irrésistible du peuple ». Rasseneur, son rival dans ce domaine, semble partager son opinion car il se garde bien de triompher après avoir repris en main les mineurs : « Tous deux haussèrent les épaules. Ils finirent par boire une chope ensemble. »

Étienne, « blême, affolé, galopant avec cette bande hurlante derrière son dos », vit là une **scène de cauchemar.** Cet épisode est conforme à la vision que le texte donne des rapports entre le meneur, investi d'une « mission » messianique et « son peuple ». On peut aussi noter que saint Étienne, le premier martyr, a connu la lapidation.

### La satire de la bourgeoisie

Zola a de nouveau recours à une **composition en contrepoint** pour opposer la souffrance et l'amertume des mineurs et de leur chef au « triomphe » des bourgeois. L'ironie du narrateur est sensible dans les trois premiers paragraphes qui analysent les **manœuvres de la Com-**

**pagnie** pour mettre fin à la grève et rappellent sa responsabilité dans la fusillade : « On disait ces messieurs très affectés par la catastrophe, accourus pour ouvrir des bras paternels aux égarés des corons. Maintenant que le coup se trouvait porté, plus fort sans doute qu'ils ne l'eussent voulu, ils se prodiguaient dans leur besogne de sauveurs. »

La fin du chapitre, plus mordante, montre les bourgeois s'adonnant pour la quatrième fois dans le roman (voir II,1, IV,1-2 et V,6) au plaisir favori d'une classe qui n'aspire qu'« à manger et à dormir en paix ». Le lecteur, maintenant averti, s'amuse à retrouver sous « la joie générale » du dîner les signes de l'hypocrisie de la bourgeoise adultère, des faiblesses et des calculs du directeur, de l'égoïsme vertueux des rentiers. Foncièrement conservateurs, les notables entendent continuer à jouir de leurs privilèges et leurs prudentes audaces verbales sur « la question du salariat » ou le libertinage religieux ne sont que des plaisirs nouveaux pour ces bourgeois rassurés et repus.

## VII - CHAPITRE 2

RESUME

**Le dimanche soir, Étienne et Souvarine confrontent leurs opinions : le socialisme d'Étienne est renforcé par l'exemple de Pluchart, qui poursuit sa carrière politique à Paris, et par une interprétation darwinienne de la lutte des classes et de la révolution, alors que Souvarine ne croit plus qu'au massacre : depuis qu'il a vu pendre sa maîtresse à Moscou, après un attentat, il s'est libéré de tout lien affectif pour être sûr d'accomplir son devoir. Il méprise les mineurs qui, par lâcheté, vont reprendre le travail, à l'invitation de la Compagnie, qui ne se soucie pas de l'état inquiétant du puits. Il fait ses adieux à Étienne, très surpris.**

**A minuit, Souvarine descend dans le puits du Voreux. Trois cent soixante-quatorze mètres plus bas, il découvre les déformations du cuvelage sous la pression des eaux souterraines. Suspendu dans le vide, au péril de sa vie, il scie et dévisse les pièces de la charpente, puis sort sans être vu.**

Chez les Maheu, à trois heures, Étienne est réveillé par Catherine qui veut retourner à la mine pour ne pas être à la charge de sa mère. Dans un mouvement de pitié et de tendresse, il étreint la jeune fille, qui finit par s'abandonner et pleure dans ses bras, mais un malaise persistant leur interdit de s'aimer. Cédant au besoin d'être heureux avec elle, Étienne décide de la suivre et renonce à toute autre ambition. Les deux jeunes gens se préparent et prennent discrètement le chemin du Voreux.

Souvarine, qui regarde passer le troupeau des mineurs, interpelle Étienne pour l'empêcher de descendre ; mais, voyant qu'il accompagne Catherine, l'anarchiste le laisse aller et répond froidement à son adieu.

COMMENTAIRE

## Le développement de l'action

L'échec de la grève étant maintenant établi, la **reprise du travail** se fait de façon spontanée, selon le désir de la Compagnie. Celle-ci a manœuvré habilement : en acceptant de reprendre les « plus compromis », elle détruit tout sentiment de solidarité chez les mineurs qui, ayant déjà renié leur « chef », se déterminent individuellement. Le texte ne précise pas leurs motivations mais on peut penser que, comme Catherine, las de souffrir et sans illusions sur l'avenir, ils souhaitent gagner leur vie. Ce sont, pour Souvarine, autant de lâches...

Le romancier prépare en outre la **catastrophe finale,** provoquée par le sabotage de l'anarchiste et favorisée par les négligences de la Compagnie.

## Le dilemme des révolutionnaires

On a vu (commentaires de I,4 et III,1) que le texte établit une relation entre d'une part, la **révolte socialiste** ou anarchiste, et d'autre part le **refoulement des désirs** et des sentiments amoureux, comme si ceci déterminait cela. Ainsi, chez eux, l'amour est-il toujours coupable.

**Souvarine,** depuis l'exécution de sa maîtresse, considère l'amour comme une faiblesse et il abandonne Étienne au Voreux lorsqu'il le voit trahir la cause des ouvriers pour une femme. La **violence nihiliste** est poussée au paroxysme chez cet homme qui, par haine de la vie, voue un véritable **culte à la mort**, au nom duquel il s'autorise à disposer de sa vie et de celle des autres. Si Étienne a des accès de folie homicide, Souvarine est en proie à une monomanie de la destruction : devant les corps des mineurs tués par les soldats, « le clou de son idée fixe » rendait son regard menaçant (VI,5).

**Étienne,** lui, est encore placé devant une alternative, et l'intérêt du chapitre est de montrer les **hésitations** du personnage. Ou bien, sur le modèle de Pluchart, il rêve de carrière politique et cherche dans des connaissances fragmentaires, dans une interprétation douteuse des théories de Darwin sur la sélection naturelle, une justification à ses idées. L'homme **ambitieux et dogmatique** que nous voyons ainsi dans le premier mouvement du chapitre ne pense pas à l'amour. Ou bien, dans le troisième mouvement, et sans que le narrateur prenne la peine de justifier ce revirement tout à fait invraisemblable (« D'où venait cette décision brusque, sortie de ses lèvres, sans qu'il y eût songé, sans qu'il l'eût discutée un instant ? »), **il choisit l'amour**, à l'exclusion de toute « autre chose », c'est-à-dire de la politique.

Or, pour le narrateur, c'est le deuxième choix qui est le bon : « Maintenant, c'était en lui [Étienne] un tel calme, une guérison si complète de ses doutes, qu'il s'entêtait, en homme *sauvé* par le hasard, et qui avait trouvé enfin *l'unique porte à son tourment.* » (C'est nous qui soulignons.) Si le tourment et le salut d'Étienne résident dans l'amour, la démarche du révolutionnaire s'en trouve frappée d'inanité, son problème est d'abord personnel : il s'agit de **donner un sens à sa vie par l'amour.**

L'œuvre et la vie de Zola laissent penser que l'auteur n'a pas non plus ignoré cette souffrance (voir la chronologie). Ceci expliquerait que les intrigues sociale et amoureuse soient à ce point liées dans le roman, comme l'idéologie et l'affectivité du narrateur.

## VII - CHAPITRE 3

### RESUME

A quatre heures, Étienne reprend le travail avec Catherine, supportant en silence l'ironie de Dansaert et les insultes de Chaval qui cherche vainement à dresser les autres contre lui. Les mineurs s'inquiètent de l'état du cuvelage. Ils entreprennent de remettre la fosse en état.

Vers neuf heures, Étienne et son équipe découvrent soudain qu'ils sont seuls au bout de la mine. Ils se ruent dans les galeries désertes et arrivent à l'accrochage inondé au moment où la dernière cage s'envole vers le jour. Dansaert a tardé à donner l'ordre de la remontée, malgré la progression rapide des eaux. Devant la dégradation croissante du puits, il a fini par regagner la surface, laissant une vingtaine de mineurs autour d'Étienne, dans l'eau jusqu'aux genoux.

Négrel, comprenant que des hommes sont restés au fond, n'hésite pas à descendre dans le puits : il constate que le désastre est inévitable, puis découvre les traces du sabotage. Informé, M. Hennebeau fait évacuer la fosse condamnée. Le sauvetage ne peut se faire par le vieux puits de Réquillart, lui aussi inondé. La foule clame sa détresse, sous le regard froid de Souvarine qui observe la scène du haut du terril, dans l'attente de la catastrophe finale.

Trois heures plus tard, la terre se met à trembler et les témoins terrifiés voient des bâtiments s'écrouler ou se fendre. Quelque temps après, les dernières constructions s'effondrent et disparaissent. La machine à vapeur, la cheminée, tout le carreau de la mine ont sombré dans un immense cratère, d'où partent des failles qui provoquent la rupture du canal. Les eaux recouvrent alors le Voreux.

Souvarine, indifférent à la souffrance de la foule, se lève et disparaît dans la nuit pour porter ailleurs le feu et la mort.

COMMENTAIRE SUIVI

**La fin de la grève**

Au début de ce chapitre, la situation d'Étienne est paradoxale : en reprenant le travail pour « des raisons à lui », le révolutionnaire, qui vient de passer pour un lâche aux yeux de Souvarine, prend délibérément le risque de s'exposer à la vindicte de ses camarades qui voient en lui la cause de leurs malheurs. Mais Étienne doit simplement supporter les commentaires humiliants du maître-porion, tout se passant comme si, la grève terminée, les mineurs avaient retrouvé leur résignation habituelle. C'est en effet le récit de la catastrophe qui intéresse le romancier, et même la jalousie persistante de Chaval n'est rappelée que pour préparer le dénouement de l'intrigue amoureuse au fond de la mine.

## L'inondation de la mine

Un deuxième mouvement présente les **signes avant-coureurs** des deux drames : le mauvais état du cuvelage et la haine entre le nouvel et l'ancien amants de Catherine, déjà prêts à « se manger ». La première phase de la catastrophe est ensuite racontée, telle qu'elle est vécue au fond, d'abord par le groupe d'Étienne, puis, grâce à un retour en arrière, par Pierron et Dansaert à l'accrochage. La convergence de ces deux récits rend ainsi possible la scène, courte mais intensément dramatique, au cours de laquelle les mineurs arrivent à l'accrochage pour voir s'envoler, avec le maître-porion indigne qui n'a pas eu le courage de les attendre, leur dernière chance de survie.

## L'anéantissement du Voreux

Les trois derniers mouvements du chapitre donnent le point de vue de ceux qui sont à la surface, cadres, rescapés, parents et — dans deux contrepoints habilement disposés — Souvarine.

Le narrateur rend d'abord sensible (dans le troisième mouvement) leur découverte progressive et angoissante d'une réalité horrible : Négrel mesure l'étendue du désastre, puis les derniers rescapés précisent le nombre et les noms des prisonniers de la mine, tout en faisant disparaître l'espoir d'un sauvetage rapide par Réquillart. Aux lamentations et à l'agitation du peuple, Zola oppose alors, dans un premier contrepoint, le silence, l'immobilité et la solitude de Souvarine, en situation de voyeur sur son terril.

Tous les personnages sont alors placés en position de spectateurs d'un drame aux effets soigneusement dosés et variés. Le récit de l'**écroulement du Voreux** (quatrième mouvement) fait alterner les moments d'attente angoissants, l'évocation de cataclysmes souterrains mystérieux et les épisodes de destruction, de plus en plus étonnants et spectaculaires, de l'effondrement du premier bâtiment à la disparition totale de la fosse sous un lac. La diversité des métaphores filées (métaphores anthropomorphes — ou zoomorphes — et militaires, métaphores de la catastrophe naturelle et de l'ingestion), le recours aux mythes (de la fin du monde et de la ville maudite), la maîtrise du vocabulaire technique qui rappelle la stricte ordonnance de la mine au moment même où elle sombre dans le chaos, les énumérations et les contrastes donnent à ce passage une **grandeur épique** : le lecteur, comme les personnages, se sent pris d'une **terreur sacrée.**

Un ultime contrepoint souligne le sang-froid surhumain et inhumain de Souvarine, spectateur au second degré qui domine et méprise le troupeau des témoins épouvantés. Le personnage, en disparaissant dans la nuit, accède à l'existence mythique d'**ange exterminateur.**

## VII - CHAPITRE 4

**RESUME**

La catastrophe n'affecte pas la position de M. Hennebeau, qui reçoit la Légion d'honneur qu'on lui avait promise. La Compagnie, se sentant sous la menace de saboteurs intrépides, organise le silence : on se débarrasse discrètement de quelques mineurs jugés dangereux, on renvoie Dansaert, et si l'affaire intéresse le grand public et les bourgeois de Montsou, c'est comme un fait divers monstrueux.

Deneulin, nouvel ingénieur de la Compagnie, refoule le canal dans son lit. Les mineurs, en proie à une fièvre de solidarité, recherchent d'éventuels survivants. Le troisième jour, Zacharie, qui ne vit plus que pour retrouver sa sœur, perçoit des appels très lointains : les travaux d'approche commencent aussitôt. La Maheude passe ses journées à attendre à Réquillart et son fils à creuser au fond. La progression, d'abord rapide, est ralentie par la dureté de la houille. Douze jours après la catastrophe, Zacharie est emporté par un coup de grisou. Trois jours plus tard, les mineurs, arrivés à deux mètres du but, sont désespérés : on ne répond plus à leurs appels.

Les bourgeois de Montsou organisent une excursion au Voreux, mais ce spectacle horrible n'intéresse que les filles Deneulin, toujours artistes. En visite de charité chez la

Maheude, les Grégoire, pour aller chez la Levaque, laissent un instant Cécile avec le vieux Bonnemort, cloué sur une chaise, inconscient.

En rentrant dix minutes plus tard, ils trouvent leur fille étranglée près du vieillard. Ce crime, qui ruine leur vie, arrange plutôt les affaires de M. Hennebeau : en voyant sa femme, défaillante, étreindre Négrel dans l'effarement de cette nouvelle, il sait qu'elle ne prendra pas d'autre amant.

## COMMENTAIRE

### La composition

Elle juxtapose deux grandes séquences consacrées à des faits apparemment étrangers l'un à l'autre : les travaux de sauvetage des mineurs restés au fond et l'assassinat de Cécile. Mais c'est l'**histoire des Hennebeau** qui ouvre et ferme le récit et contribue à unifier ce chapitre. Le romancier fait ainsi progresser plusieurs intrigues et arrête le destin de certains personnages secondaires.

### Le bonheur médiocre de M. Hennebeau

Il résulte curieusement d'une série de malheurs qui frappent d'autres personnages. La fusillade contre les mineurs et la faillite de Deneulin lui ont permis de consolider sa position à la Régie. Il dégage facilement sa responsabilité après l'écroulement du Voreux, pourtant rendu possible par sa précipitation, et ce n'est pas sans ironie que le narrateur le fait décorer au lendemain de la catastrophe. Celle-ci donne l'occasion à cet homme chaste de se débarrasser de Dansaert, coupable de débordements amoureux. Enfin, la mort de Cécile, en rejetant sa femme dans les bras de son neveu, ne lui fait plus redouter qu'elle se compromette dans une nouvelle liaison plus scandaleuse.

Le roman, après nous avoir présenté un homme voué à la souffrance d'une passion malheureuse, nous laisse donc l'image d'**un bourgeois sans envergure et sans scrupules,** animé par des seules considérations de carrière, et que les circonstances favorisent.

### L'assassinat de Cécile

D'un effet un peu appuyé, il peut d'abord paraître gratuit. Une ellipse de temps, qui escamote le récit de la scène pour accentuer l'horreur du tableau que découvrent les Grégoire et le lecteur, donne d'ailleurs un caractère mystérieux à cette mort, qui semble satisfaire les pulsions profondes d'une jeune bourgeoise et d'un vieux mineur idiot.

Cet épisode, tardivement inventé par Zola, supporte plusieurs autres interprétations. Il constitue d'abord le **châtiment des Grégoire**, ces bourgeois parasites, assez imbéciles pour apporter une paire de chaussures à un impotent. C'est toute une **classe sociale** qui, symboliquement, se trouve **privée d'avenir.** En outre, la figure de Bonnemort qui, quelques jours plus tôt, assistait à « l'égorgement des siens », donne à ce crime l'allure d'une **revanche.** Au plan des relations affectives, enfin, on ne peut que constater que cette mort dénoue une situation triangulaire particulièrement perverse au profit de la mère incestueuse, comme si le personnage dominateur de Mme Hennebeau ne pouvait avoir de rivale.

### Le sauvetage

Présenté comme une vraie course contre la mort, il donne lieu à un **récit angoissant.** En tenant le compte des jours et des mètres qui séparent les sauveteurs de leurs camarades, en ajoutant une péripétie dramatique (la mort de Zacharie, qui permet aussi au romancier naturaliste de placer sa documentation sur les coups de grisou), enfin en interrompant son récit juste avant le dénouement, reporté à la fin du chapitre suivant, Zola entretien un **suspense constant.**

## VII - CHAPITRE 5

RESUME

**En bas, dans le labyrinthe des galeries et des carrefours, Étienne et Catherine, distancés par les autres, ont vu soudain leur route coupée par un éboulement. Très éprouvés par l'agonie horrible de Bataille, le vieux cheval de la mine, toujours chassés par l'inondation, ils empruntent le plan incliné, se heurtent à un nouvel éboulement et finissent par se trouver prisonniers d'un coin de voie que Chaval occupe déjà.**

**Celui-ci, qui a dépouillé deux morts de leurs tartines, offre de partager avec Catherine pour l'enlever à Étienne. Quand**

la jeune fille a cédé à la faim, il se fait plus entreprenant, et Étienne satisfait enfin sa pulsion meurtrière en lui écrasant le crâne sous un bloc de pierre.

Sans pain et sans lumière, les deux jeunes gens passent des heures collés à la paroi, les jambes dans l'eau. En attendant les appels des sauveteurs, ils s'abandonnent à une joie éphémère, avant de retomber dans l'angoisse. Brisés par leur position incommode, souffrant cruellement du manque d'air, et de la faim (qu'ils apaisent quelque temps en mangeant du bois vermoulu), ils doivent encore supporter la présence du cadavre de Chaval que le flot montant pousse obstinément contre eux, jusqu'à ce que la décrue les délivre de ce cauchemar. Affaiblis, hébétés, ils sont commotionnés par l'explosion de grisou : Catherine délire, se croit couchée dans l'herbe au soleil, se serre contre Étienne. Surmontant le malaise qui les a toujours séparés, elle embrasse son compagnon et, au bord de la mort, ils connaissent enfin l'amour.

Plusieurs heures plus tard, Étienne s'aperçoit qu'il ne tient plus dans ses bras que le cadavre de Catherine. Il sombre dans une profonde torpeur qui l'empêche de répondre aux appels des sauveteurs tout proches et reprend peu à peu conscience à leur arrivée. Le révolté et l'ingénieur s'étreignent en sanglotant. Dehors, la Maheude crie déjà devant le corps de sa fille. Elle s'interrompt pour observer d'un regard fixe la réapparition d'Étienne transformé en vieillard aux cheveux blancs.

## COMMENTAIRE

### Un épisode de cauchemar

Zola a utilisé ici sa **documentation** sur les accidents de la mine. Il a pris soin également de signaler presque médicalement les différentes manifestations de la faim (souffrance physique, puis torpeur, puis hallucinations) qui conduisent Catherine à la mort. Mais plus que ces précisions naturalistes, c'est l'**imaginaire** de l'auteur qui donne à ces pages leur charge d'angoisse.

Les mineurs, en effet, sont menacés d'être enterrés vivants, ce qui réactive le **cauchemar familier de Zola**, comme, déjà, l'évocation du travail des haveurs, « murés dans l'étroite fente » de la taille et comparés à des insectes voués à l'écrasement (dans I,4), l'accident de Jeanlin (dans III,5) et la remontée angoissante de Catherine dans le puits (dans V,2), la mort horrible du cheval, galopant dans « la mine [qui] semblait se resserrer sur lui, pour le prendre et l'étouffer », puis « garrotté par la terre » et noyé. Pour Catherine, cette péripétie est plus épouvantable que la catastrophe elle-même. L'angoisse s'exprime ensuite par la métaphore filée du monstre (l'inondation) qui poursuit Étienne et sa compagne dans le labyrinthe de la mine, jusqu'à ce qu'ils se trouvent eux aussi coincés dans une niche entre la terre et l'eau.

L'horreur s'accroît encore quand, « au fond de cette tombe », l'eau pousse contre eux le cadavre de Chaval « gonflé, verdi, avec ses moustaches rouges, dans sa face broyée ». Le drame intime l'emporte alors sur la catastrophe tellurique.

### Le dénouement de l'intrigue amoureuse

Il est conforme à la nature particulière des relations affectives entre Chaval, Catherine et Étienne. Différents chapitres (voir notamment I,4-5 ; II,5 ; III,3 ; IV,3 ; VI,3) ont permis de définir, dans une perspective psychanalytique, une situation triangulaire de type œdipien, dont nous avons vu un deuxième exemple avec l'histoire de Jeanlin, Lydie et Bébert. Symboliquement, Chaval représente le Père qui a pris possession de la Mère (Catherine) et qui s'oppose au désir incestueux du Fils (Étienne).

La psychologie, en effet, ne suffit pas à expliquer dans ce chapitre la **présence obsédante de Chaval**, vivant ou mort (« Jusqu'au bout, il serait là, même mort, pour les empêcher d'être ensemble. »). Par-delà sa jalousie, sa brutalité, ses traîtrises, il incarne une **forme de Loi** que Catherine formule à sa façon : elle doit être fidèle, en dépit de ses sentiments pour Étienne, à « son homme », « elle lui appartenait puisqu'il l'avait prise ». Son assassinat répond donc à une autre nécessité que celle d'illustrer la folie homicide d'Étienne, et la **transgression de l'interdit** entraîne le **châtiment des coupables** : comme Bébert et Lydie, Catherine meurt après l'amour, dans les bras mêmes d'Étienne, qui sort amoindri de l'épreuve (l'auteur des *Rougon-Macquart* ne pouvant sacrifier un personnage qu'il prévoyait alors de réutiliser).

Les désirs réciproques d'Étienne et Catherine ont toujours été présentés à la fois comme coupables (d'où le malaise persistant qui les sépare, même lorsqu'ils sont seuls) et légitimes (d'où l'image dégradée du Père). C'est pourquoi l'interdit ne peut être transgressé qu'après le meurtre de Chaval, dans un **lieu clos, souterrain**, figurant l'**enfer** des pulsions inconscientes, et dans un moment où Catherine délire.

Nous avons mis en évidence une **structure psychique profonde** que, cela va sans dire, l'auteur n'a pas consciemment élaborée et qu'on retrouve dans d'autres romans, notamment *L'Assommoir* (avec le triangle Lantier-Gervaise-Coupeau) et *La Terre* (avec le triangle Buteau-Françoise-Jean). Cette analyse confirme qu'une œuvre riche excède toujours ce qu'a « voulu dire » son auteur, qui, selon la formule d'André Breton, ne fait que « s'accommoder d'une possibilité de conciliation très obscure de ce qu'il savait avoir à dire avec ce que, sur le même sujet, il ne savait pas avoir à dire et que cependant il a dit » (*Second Manifeste du surréalisme*). Le narrateur de *Germinal*, tout en s'appliquant à raconter une histoire de grève mettant en cause les structures sociales, crie à la fois son besoin et sa peur de l'amour.

## VII - CHAPITRE 6

### RESUME

**A l'aube d'un beau jour d'avril, après six semaines d'hôpital, Étienne s'apprête à partir pour Paris où l'appelle Pluchart. Il se rend d'abord à Jean-Bart pour y saluer ses camarades. Les mineurs, qui ont dû reprendre le travail sans avoir rien obtenu, arrivent la tête basse et la rage au cœur. Devant Étienne, qu'ils reconnaissent à nouveau comme leur chef, ils se justifient tristement, invoquent leurs charges de famille, et leurs poignées de main fiévreuses lui disent leur désir de revanche. Le vieux Mouque, rudoyé par Pierron, nouvellement promu porion, vient aussi serrer la main d'Étienne à qui il a pardonné la mort de ses deux enfants.**

**La Maheude paraît alors. A quarante ans, elle a repris les habits de mineur et souffre dix heures par jour près du Tartaret, pour un salaire de misère. Bonnemort ayant été privé de pension après son crime, elle doit nourrir six personnes**

avec la seule aide de Jeanlin. Elle a retrouvé son calme et sa résignation, mais garde l'espoir d'une revanche. Les deux personnages se séparent réconciliés, animés par la même détermination.

En quittant la fosse, Étienne passe devant Jeanlin qui travaille au criblage, assis dans le charbon et poudré de noir. La chaleur et la nature printanières le plongent dans une rêverie optimiste : son expérience récente le confirme dans sa haine de la bourgeoisie, et c'est à Paris, comme représentant des ouvriers, qu'il triomphera d'elle. Certes, les divisions et les rivalités ont ruiné l'Internationale, mais la vision darwinienne d'un peuple fort éliminant une bourgeoisie dégénérée conforte sa foi en la révolution prochaine. Malgré son échec, la grève a ébranlé l'Empire et la vieille société, d'autres les abattront. Condamnant les violences inutiles des mineurs, il voit maintenant dans l'organisation des syndicats le moyen de vaincre le capital.

Passant devant le Voreux, que trois pompes assèchent, Étienne se hâte vers la gare. Il croit sentir, de plus en plus près sous ses pieds, les coups de pic des mineurs qui préparent, en une germination irrésistible, leur irruption vengeresse.

## COMMENTAIRE

### Un épilogue

Entièrement consacré à la description de la situation finale et aux réflexions du personnage principal, isolé du précédent par une importante **ellipse de temps**, ce chapitre joue le rôle d'un véritable **épilogue**. Le romancier, qui a déjà dénoué les intrigues individuelles et sociales, clôt son récit en tirant la leçon de l'action collective et en précisant le destin de son personnage principal.

Cet épilogue entretient avec le chapitre d'ouverture (I,1) des relations privilégiées. Relevons, par exemple, des rapports de symétrie (arrivée puis départ du héros), d'opposition (le héros était solitaire, il est maintenant porté par un peuple ; le cadre naturel était sombre, il est riant ; la tonalité était pessimiste, elle est optimiste), de continuité (l'aube d'avril succède « naturellement » à l'aube de mars, après une action qui a duré un an). Paradoxalement, alors que le premier chapitre ouvrait le roman sur un horizon fermé, le dernier l'achève par une **ouverture inattendue**.

C'est que le romancier a tenu, en effet, à opposer ce chapitre au précédent (ce qui ne va pas sans quelques hiatus : ainsi, le vieillard arraché aux entrailles de la mine est devenu un jeune homme plein d'avenir et l'amant de Catherine a laissé la place à un chef respecté) et à le situer dans une perspective nouvelle, celle de la **confiance en la vie**. Le caractère somme toute dramatique de l'expérience du héros dans *Germinal* (quel échec, cette grève !) s'en trouve relativisé.

## Une « éducation socialiste »

Au terme de son évolution dans ce roman de formation, Étienne a effectué plusieurs choix qui mettent fin à ses doutes et à ses revirements passés. Il semble avoir écarté l'amour puisqu'il ne rêve plus que d'une carrière politique et n'a pas une pensée pour Catherine. Peut-être ce refoulement explique-t-il la vision singulièrement sensuelle que les dernières lignes donnent de la révolution. Le personnage s'est aussi délivré de la tentation anarchiste pour se définir comme un **collectiviste conséquent**. Émule de Pluchart, il condamne la violence et croit en la lutte légale, dans les syndicats et au parlement. Enfin, ce déclassé a clarifié les relations difficiles qu'il entretenait avec ses camarades : ne pouvant plus supporter « l'odeur de misère » du peuple, il a choisi de l'idéaliser dans les discours qu'il tiendra en son nom à Paris. Par là même, le narrateur est contraint de lui rendre la confiance des mineurs, perdue après la fusillade et la lapidation, au risque de faire paraître injustifiée la honte des vaincus devant celui qui, dès le premier jour, avait repris le travail avec les plus lâches...

## La leçon de la grève

Elle est évidemment destinée au public de 1885. Le narrateur semble vouloir l'avertir de la **fatalité de la révolution**, provoquée par l'égoïsme et l'aveuglement de la bourgeoisie. En abusant de son triomphe, la Compagnie entretient la fermentation révolutionnaire même chez les mineurs les plus résignés comme le vieux Mouque ou la Maheude. La situation misérable de la famille type des Maheu condamne une classe qui, en refusant tout progrès social, prépare d'ailleurs sa propre disparition. Les grèves agitées de la fin du Second Empire, dont ce récit se veut l'écho, appartiennent à l'enfance du mouvement ouvrier ; Étienne, devinant que « la légalité, un jour, pouvait être plus terrible », semble voir dans la **légalisation des syndicats** (qui date précisément de 1884) un instrument de conquête du pouvoir.

Ainsi, tout en gardant des distances par rapport à son personnage de révolutionnaire dont les motivations et les raisonnements ne sont pas toujours clairs, le narrateur paraît envisager la révolution non comme une apocalypse, mais comme un effet probable, nécessaire même, du développement de la société industrielle. On peut penser que, pour Zola aussi, *Germinal* a été l'occasion d'une éducation.

### Germinal

C'est ce qu'indique notamment le renouvellement quasi complet du registre des images dans ce chapitre, et notamment dans le dernier paragraphe. Alors que jusque-là les métaphores animales (le troupeau lâché, par exemple) et le vocabulaire péjoratif (la bande) dépréciaient l'action des grévistes, l'apparition massive du réseau lexical et des **métaphores de la germination** présente les transformations sociales comme inévitables et bénéfiques. Zola a lui-même commenté ce final en expliquant son titre dans une lettre de 1889 : « C'est un jour, par hasard, que le mot Germinal m'est venu aux lèvres. Je n'en voulais pas d'abord, le trouvant trop mystique, trop symbolique ; mais il représentait ce que je cherchais, un avril révolutionnaire, une envolée de la société caduque dans le printemps. »

On le voit, la référence historique aux journées de germinal an III (1er et 2 avril 1795), qui marquèrent la fin du mouvement révolutionnaire, est effacée au profit d'un **symbolisme** plus vague mais porteur d'espoir. Le motif de la germination était déjà présent dans III,3, qui rapporte les premières réflexions politiques d'Étienne : « Mais à présent, le mineur s'éveillait au fond, germait dans la terre ainsi qu'une vraie graine ; et l'on verrait un matin ce qu'il pousserait au beau milieu des champs : oui, il pousserait des hommes, une armée d'hommes qui rétabliraient la justice. » (Voir aussi IV,7.)

# Synthèse littéraire

## UN DOCUMENT HUMAIN

Zola a effectué un important travail de documentation au cours de la préparation de *Germinal*. Lors d'un séjour à Anzin, pendant la grève de 1884, il a étudié de près, au fond comme en surface, tous les aspects techniques de la mine ; guidé par le député Alfred Giard, il a aussi visité les corons et les cafés, discuté avec des mineurs, analysé leurs mœurs, leurs loisirs, leur mentalité. Toutes ces observations ont été consignées dans une centaine de pages intitulées *Mes notes sur Anzin*, qui composent un petit traité d'ethnologie sociale. De nombreuses lectures (ouvrages sur la mine, les mineurs, leurs maladies, sur la question ouvrière et le socialisme, articles de journaux et du *Dictionnaire* de P. Larousse sur les grèves de 1869, 1878 et 1884) ont enrichi cette information, qui a été habilement distribuée dans l'ensemble du roman et intégrée au récit (voir tableau, pp. 108-111).

Si ce roman fait entendre la voix du peuple et rapporte dans sa langue ses préoccupations et ses espoirs, il ne renouvelle pas la prouesse verbale de *L'Assommoir* et la parole ouvrière, dans le domaine politique, est le plus souvent tenue à distance. La rareté du discours direct traduit sans doute la connaissance fragmentaire, médiatisée (par ses lectures, ses informateurs) que l'auteur avait du mouvement ouvrier de son temps.

Au total, tout en ordonnant son récit selon des nécessités dramatiques et esthétiques, Zola a réussi à transmettre un riche matériau humain, qui s'impose avec la force des choses vues.

## STRUCTURES DU ROMAN

| | TEMPS | LIEUX |
|---|---|---|
| I | Un lundi de mars 1866 (3 h - 15 h) | Le Voreux, le coron |
| 1 | Vers 3 h du matin | Le terril |
| 2 | Vers 4 h du matin | Chez les Maheu |
| 3 | Vers 5 h du matin | Le Voreux |
| 4 | 5 h - 10 h | Au fond |
| 5 | 10 h - 14 h | Au fond |
| 6 | 14 h - 15 h | Le carreau, le cabaret |
| II | Ce même lundi (6 h - 21 h) | Le coron, la Piolaine |
| 1 | 8 h - 10 h | Chez les Grégoire |
| 2 | 6 h - 11 h | Du coron à la Piolaine |
| 3 | 11 h - 15 h | Le coron |
| 4 | 15 h - 19 h | Chez les Maheu |
| 5 | 19 h - 21 h | Réquillart (vieux puits) |
| III | Mars - novembre 1866 | Les cabarets, le coron, la mine |
| 1 | Mars - juillet | Chez Rasseneur |
| 2 | Dernier dimanche de juillet | Les cabarets |
| 3 | Mi-août - octobre | Chez les Maheu |
| 4 | Un samedi fin octobre | Chez Rasseneur / aux Chantiers |
| 5 | Novembre | Au fond / au coron |
| IV | Décembre 1866 - janvier 1867 | Chez Hennebeau / chez les mineurs / dans la forêt |
| 1 | lundi 15 décembre 5 h - 14 h | Chez Hennebeau |
| 2 | Même jour vers 14 h | Chez Maheu / chez Hennebeau |
| 3 | Lundi 29 décembre, 16 h | Le coron, chez Maheu |
| 4 | Jeudi, début janvier | Au « Bon-Joyeux » |
| 5 | Mi-janvier (mardi) | Chez Maheu |
| 6 | Mercredi et jeudi suivants | Réquillart / la plaine |
| 7 | Ce même jeudi soir | Forêt de Vandame |

| DOCUMENTS | ACTION |
|---|---|
| Découverte progressive de la fosse ; la crise | Étienne embauché au Voreux<br>Triangle Étienne / Catherine / Chaval |
| Vision nocturne de la mine<br>la crise économique<br>Le coron<br>Le carreau<br>Le travail au fond<br>Le boisage<br>Le criblage | Arrivée d'Étienne<br>Les Maheu sans argent<br>Étienne embauché<br>Chaval embrasse Catherine<br>Conflit mineurs / Négrel<br>Étienne s'installe chez Rasseneur |
| Histoire de la Compagnie<br>La vie des femmes au coron | Chaval prend Catherine devant Étienne |
| Le rentier / le patron<br>L'épicier, les dettes<br>Commérages<br>Toilette et loisirs<br>Mœurs sexuelles des mineurs | M. Grég. refuse d'aider Deneulin<br>Les 5 F. de la Maheude<br><br><br>Catherine maîtresse de Chaval |
| La fête ; les salaires ;<br>les socialismes | Mécontentement croissant<br>des mineurs |
| Le mouvement ouvrier<br>La Ducasse<br>Mentalité des mineurs<br><br>Le calcul des salaires<br>Accident et solidarité | Étienne s'intègre et commence sa propagande<br>Étienne loge chez les Maheu, sensibles à sa propagande<br>Révolte croissante<br>Jeanlin infirme. Catherine en ménage avec Chaval |
| L'Internationale ;<br>mœurs bourgeoises | Début de la grève ; exaltation<br>et souffrance des mineurs |
| Mœurs bourgeoises ; le repas ;<br>Causes de la crise économique<br>Arguments du capital / des mineurs<br><br><br>Une réunion ouvrière<br><br><br>Le puits abandonné ; la crosse<br><br>Meeting ouvrier | 1er jour de la grève<br><br>Échec de la négociation<br>Étienne dirige la grève ;<br>rivalité Étienne/Chaval<br>Adhésion à l'Internationale<br>Misère des grévistes<br>Étienne amant de la Mouquette<br><br><br>Étienne fait adopter la poursuite<br>et l'extension de grève |

| | TEMPS | LIEUX |
|---|---|---|
| **V** | Vendredi, fin janvier 1867 de 3 h du matin à la nuit | La plaine, les fosses, chez Hennebeau |
| 1 | De 3 h à 10 h | Chez Deneulin, à Jean-Bart, au Tartaret |
| 2 | De 6 h à midi | La fosse de Jean-Bart |
| 3 | De 6 h à midi | Le carreau de Jean-Bart |
| 4 | De midi à 17 h | Dans la plaine, d'une fosse à l'autre |
| 5 | De 9 h à 18 h | Chez Hennebeau |
| 6 | La fin de la journée | Devant chez Hennebeau |
| **VI** | 1re quinzaine de février 1867 | Réquillart, le coron, le Voreux |
| 1 | 1ers jours de février | A Réquillart, autour du Voreux |
| 2 | Un soir de la 2e semaine | Chez les Maheu |
| 3 | Dimanche, mi-février | Chez Rasseneur |
| 4 | Nuit de dimanche à lundi | A Réquillart et au Voreux |
| 5 | Lundi matin | Le carreau du Voreux |
| **VII** | Février - avril 1867 | Montsou, le Voreux, Jean-Bart |
| 1 | 3e semaine de février | Montsou / Paris, le coron / la Piolaine |
| 2 | Dimanche soir et lundi matin | Au Voreux ; chez les Maheu |
| 3 | Lundi toute la journée | Le Voreux : au fond / en surface |
| 4 | Les 15 jours suivants | A Réquillart, au coron |
| 5 | Les mêmes 15 jours | Au fond |
| 6 | 6 semaines après, mi-avril, au petit matin | Le carreau de Jean-Bart, la plaine |

| DOCUMENTS | ACTION |
| --- | --- |
| Le Tartaret ; les échelles ;<br>la concentration capitaliste | Manifestation et violences ouvrières ; drames de Deneulin et Hennebeau ; rivalité Étienne / Chaval |
| La mine incendiée ;<br>l'endettement du patron<br>Le Tartaret ; les échelles<br><br>Les chaudières | Deneulin réussit à empêcher la grève - Trahison de Chaval<br>Les mineurs de Jean-Bart doivent remonter<br>Les grévistes saccagent Jean-Bart<br>Humiliation de Chaval<br>Souffrance de Hennebeau, trompé et humilié<br>Les bourgeois sont menacés par les mineurs : mort et mutilation de Maigrat ; nouvelle trahison de Chaval |
| | Échec de la grève ; isolement d'Ét. ; rixe Ét. / Chaval ; assassinat du petit soldat ; fusillade : 7 mineurs tués |
| Le socialisme chrétien<br><br>Difficultés de l'Internationale ;<br>le nihilisme | Les doutes d'Étienne<br>Mort d'Alzire : misère et désespoir des Maheu<br>Étienne rosse Chaval, qui chasse Catherine<br>Jeanlin tue le petit soldat<br>Nuit d'amour Bébert/Lydie<br>Les soldats tirent sur les mineurs venus empêcher la reprise du travail |
| Accidents de la mine et<br>travaux de sauvetage | Reprise du travail ; sabotage et destruction du Voreux ; au fond, Ét. tue Chaval et possède Cath. ; mort de Cath. ; Ét. survit et quitte Montsou |
| Le cuvelage, les eaux<br>souterraines ; le nihilisme<br>Inondation de la mine<br><br>Travaux de sauvetage ; grisou<br><br>Souffrances des emmurés<br><br>Le syndicalisme révolutionnaire | Lapidation d'Ét./fiançailles de Cécile et Négrel ; Deneulin vend Jean-Bart à la Compagnie<br>Souvarine sabote le puits<br>Ét. reprend le travail avec Catherine<br>Destruction du Voreux ;<br>Ét., Cath. et Chaval au fond<br>Mort de Zacharie (grisou) ;<br>Bonnemort étrangle Cécile<br>Ét. tue Chaval ; « nuit de noces » ; mort de Catherine<br>Étienne va poursuivre la lutte à Paris, fort du soutien des mineurs |

## UNE FORME POÉTIQUE

Le romancier a lui-même analysé sa façon particulière de traiter la réalité : « J'agrandis, cela est certain [...]. J'ai l'hypertrophie du détail vrai, le saut dans les étoiles sur le tremplin de l'observation exacte. La vérité monte d'un coup d'aile jusqu'au symbole » (lettre du 22.3.1885). Zola est un grand créateur de situations dramatiques et d'images visuelles particulièrement expressives. Cela est vrai des scènes de foule de la cinquième partie, d'un expressionnisme saisissant, mais aussi de celles qui réunissent ou opposent quelques personnages, la Maheude chez les Grégoire, M. Hennebeau face à la foule, la Brûlé mutilant Maigrat, Souvarine sur son terril. Ceux-ci deviennent des symboles, des forces mythiques : quand Bonnemort étrangle Cécile, c'est la « race » des Maheu qui se venge des rentiers, et le sabotage anarchiste met en mouvement les éléments, terre et eau conjuguées, pour détruire le Voreux dans une scène d'apocalypse qui semble appelée par les malédictions de l'abbé Ranvier. L'univers de *Germinal* est peuplé d'êtres et de lieux fantastiques et vrais à la fois, machine monstrueuse, mine labyrinthique, puits dévorateur, flot humain de la foule ouvrière. Ce n'est pas le moindre paradoxe de ce roman naturaliste que de faire une aussi grande part à l'imaginaire.

Les images contribuent à définir les personnages et fixent leurs qualifications essentielles sous une forme expressive : animalité de Jeanlin, féminité d'Étienne ou raideur militaire de M. Hennebeau. Elles engagent aussi leur destin : Jeanlin tuera comme une bête féroce, Étienne manquera de virilité à plusieurs reprises, M. Hennebeau rendra possible la fusillade. Elles donnent une forme à des réalités abstraites comme le capital et orientent la lecture, présentant la révolution ouvrière comme une jacquerie sanglante (V) ou comme une poussée nécessaire (VII,6).

La composition du roman est particulièrement élaborée. D'une part, l'action évolue selon un déterminisme rigoureux, le moindre événement étant expliqué par des considérations psychologiques, sociales, historiques, économiques. Les mineurs, qui subissent ces lois sans les connaître, paraissent ainsi victimes d'une fatalité qui les place dans une situation dramatique, propre à susciter la pitié du lecteur. En outre, la répétition des mêmes motifs (le souffle de la machine à vapeur, le mouvement des cages, la marche morne des travailleurs dans le petit matin), les phénomènes d'écho (la Maheude en vêtements d'homme dans VII,6 semble une image déformée de Catherine dans I,2) rendent encore plus sensible le poids d'un destin injuste. D'autre part, le recours fréquent au contrepoint met en valeur l'obstination des bourgeois à jouir de leur situation privilégiée sans vouloir prendre conscience du sort misérable des mineurs. C'est l'effet produit, par exemple, par l'arrivée des vol-au-vent de Mme Hennebeau protégés par les gendarmes à la fin de la cinquième partie. On peut ainsi parler de composition musicale, et un contemporain de Zola évoquait même l'orchestration savante d'un opéra de Wagner.

## LA PORTÉE SOCIALE

Le roman est d'abord un « cri de pitié pour les souffrants », sur la base d'une observation sans complaisance, Zola voulant se démarquer des « bénisseurs de peuple ». Le destin de la famille Maheu, la description de sa misère croissante, le récit de la mort d'Alzire, celui de la fusillade, indiquent assez l'intention de Zola, tout comme la peinture satirique de la plupart des bourgeois. L'analyse serrée des conditions de vie des uns et des autres suffit à condamner une société où les parasites font la morale aux travailleurs.

Mais, dans le même temps, le texte relativise ces oppositions en montrant les souffrances de M. Hennebeau (« Il m'a semblé nécessaire de mettre au-dessus de l'éternelle injustice des classes l'éternelle douleur des passions ») ou de Deneulin, et surtout en attribuant à la foule et à ses meneurs des qualifications dépréciatives et stéréotypées qui semblent condamner leur action à l'échec. Le peuple a besoin d'être guidé, éclairé, ce que ne peuvent faire durablement les révolutionnaires, peu instruits, chimériques, sectaires, et qui trouvent trop d'intérêt personnel à se faire ses porte-parole. Ne seraient-ils pas, comme ces républicains que Zola fustigeait en 1880, des candidats au pouvoir, prêts à « patauger dans la sale cuisine de [la] politique » ?

Ainsi, le discours politique que tient *Germinal* semble caractérisé par ses contradictions. Le roman est bien un pamphlet contre la bourgeoisie conservatrice, il met en évidence l'exploitation des mineurs, la nécessité de transformer une société injuste, et le développement d'un mouvement ouvrier révolutionnaire. C'est cet aspect de l'œuvre que célébrait la foule qui suivait le cortège funèbre de Zola en scandant le titre de *Germinal*. Cependant, le narrateur se défie d'une révolution inspirée par le pessimisme farouche des nihilistes ou le sectarisme tatillon des « collectivistes ». La contradiction paraît insoluble, elle se résout pourtant dans le mouvement : un autre peuple est en gestation, qui accomplira l'œuvre de justice et mettra fin à la lutte fratricide du capital et du travail. Zola ne peut préciser encore les modalités de cette révolution, mais à la fin de son roman, qui a sans doute été pour lui comme pour son héros une « éducation socialiste », il affirme sa confiance dans l'avenir, contrairement à beaucoup de ses contemporains qui se complaisaient dans des visions de fin du monde.

## LE MYTHE PERSONNEL

Ce credo « socialiste » s'exprime dans les dernières lignes par des images d'une sensualité épurée. Fondamentalement, le héros du roman est confronté à un problème vital, dont la question sociale ne constitue qu'une composante : comment vivre, comment réussir sa vie, dans l'amour et dans l'action ? L'auteur n'a donné une réponse satisfaisante à cette question que dans la dernière partie de sa vie (voir la biographie) et *Germinal* porte témoignage de ce drame intime.

Il donne en effet une image très négative de l'amour, chez les bourgeois comme chez les mineurs, le réduisant à la satisfaction presque bestiale d'un instinct, au vice des enfants précoces, à la perversité des adultes (la Pierronne et surtout Mme Hennebeau) ou l'associant à un sentiment de culpabilité, à la jalousie, à l'agressivité. Les intrigues amoureuses sont ainsi structurées selon un vrai mythe personnel que l'histoire de Chaval, Catherine et Étienne définit clairement comme un mythe œdipien. De ce point de vue, *Germinal* montre que l'amour, comme la révolution, est impossible. L'infantilisation du héros est telle qu'il se trouve placé devant un dilemme : il doit choisir de séduire la foule ou Catherine, s'attaque successivement à l'une puis à l'autre, et ne remporte que des succès éphémères : la grève échoue, la jeune fille meurt dès qu'il la possède. *Germinal* exprime la légitimité du désir, le besoin d'amour (Étienne et Catherine sont sympathiques et émouvants) mais aussi l'impossibilité d'aimer. La force de l'interdit condamne le héros à l'échec, et le refoulement est tel que le dernier chapitre conclut l'action en ignorant l'intrigue amoureuse : Étienne n'est plus qu'un révolutionnaire professionnel.

# Annotations

**p. 3**

une formation – action d'instruire, d'éduquer
échouer – *ici:* ne pas réussir
nouer – établir un lien
une inspiration – *ici:* influence *f*
vigoureux,se – plein de force
concevoir – *ici:* avoir une idée

**p. 4**

un éffondrement – Sturz, Auseinanderbrechen
stigmatiser – critiquer vivement (anprangern)
s'apitoyer – jdn bemitleiden
un communard – partisan de la commune de Paris, en 1871
la parution – la publication
susciter – devenir (hervorrufen)
bouleverser – *ici:* modifier totalement

**p. 5**

un regain de – un retour de ce qui avait disparu
s'absorber – se perdre dans
acquérir – arriver à avoir (gelangen)
la conviction – certitude *f* (Überzeugung)
la machination – Machenschaften
le débordement – *ici:* Ausbruch
retentissant,e – aufsehenerregend
l'affaire Dreyfus – pol. Skandal 1894–1906, der die frz. Öffentlichkeit spaltet
Jean Jaurès – homme politique français (1849–1914), leader du socialisme français
Charles Fourier – philosophe français (1772–1837)
régénerer – reconstituer (refaire) une partie détruite
asphyxié,e – erstickt
la tétralogie – zusammenhängendes vierbändiges Werk

**p. 8**
professer – déclarer ouvertement (une conviction)
rigoureux,se – dur à supporter (sévère)
la considération – fait du prendre qc pour (Betrachtung)
serrer – *ici:* dicht zusammenrücken
initial,e – qui marque le début
une enquête *f* – Untersuchung, Ermittlung
accumuler – mettre ensemble en grande quantité

**p. 9**
prétendument – faussement, à tort (prétendre)
l'hérédité *f* – Vererbung
fantaisiste – sérieux (wirklichkeitsfremd)
la caution – la sûreté
hardi,e – courageux,se
imprégner – *ici:* influencer
l'animisme *m* – religion, croyance qui attribue une âme aux animaux
indéniable – certain, incontestable
Second Empire – régime politique de la France (mai 1852 – sept. 1870), établi par Napoléon III
exhaler – *ici:* finir

**p. 10**
effroyable – affreux, atroce (schrecklich)
à court d'argent – knapp bei Kasse
le coron – Bergarbeitersiedlung
adhérer – s'inscrire à un parti
l'Internationale *f* – Association générale de travailleurs fondé en 1864, disparut en 1923
affamé,e – qui souffre de la faim
une fosse – Schachtanlage
déchaîner – toben, wüten

**p. 11**
un herscheur – Schlepper
une herscheuse – Schlepperin
anémique – blutarm
paillard,e – geil

**p. 12**
assorti,e – qui est en harmonie avec autre chose
le maître-porion – Obersteiger, Oberaufseher
le cabaretier – Gastwirt

**p. 13**
le cadre spatio-temporel – Raumzeitgefüge
la salle de recette – Aufnahmesaal
une galérie – *ici:* Abfuhrtollen, Galerie
la taille – *ici:* Abbau
une écurie – Pferdestall
le criblage – endroit où on sépare les différentes sortes de charbon
le haveur – Häuer
le moulineur – Arbeiter
le galibot – Fördermann, Berghilfsarbeiter
le pénibilité – Mühe
la rémunération – argent qu'on reçoit pour un travail

**p. 14**
un noceur – Lebemann, Saufbruder
impudique – qui ne connaît pas de pudeur (sittenlos)
la promiscuité – häufig wechselnder Geschlechtsverkehr ohne eheliche Bindung
animer – beseelen
évocateur,trice – Erinnerungen wachrufend
un ogre – Menschenfresser
ensemencer – aussäen
la germination – Keimung
un assaut – une attaque
un machineur – Maschinist
un terril – Abraumhalde
sévir – wüten

**p. 15**
désemparé,e – fassungslos
les ténèbres *f* – l'obscurité profonde (Finsternis)
goulu,e – gefräßig
s'accroupir – s'asseoir sur les jambes repliées
recourir – *ici:* verwenden
une ampleur – grandeur, largeur
un mendiant – Bettler

percevoir – parvenir à connaître (wahrnehmen)
la détresse – très grande peur (Verzweiflung, Todesangst)
présager – annoncer

**p. 16**
une incarnation – Verkörperung
repu,e – vollgestopft
dévorateur, trice – alles verschlingend (dévorer)
l'aliénation *f* – Entfremdung
sacraliser – attribuer un caractère sacré
redoutable – dangereux
défier – provoquer
chétif,ve – de faible constitution (kümmerlich)
chlorotique – pâle (bleichsüchtig)
une ablution *f* – action de se laver
un béguin – Häubchen

**p. 17**
fluet,te – mince d'apparence
dégingandé,e – schlottrig, nachlässig
scrofuleux,se – skrofulös
grêle – (lang u.) dünn
la noce *fam* – lockeres Leben führen
le dénuement – Mittellosigkeit
un répère – ce qui sert à retrouver un endroit

**p. 18**
engloutir – dévorer; faire disparaître
vertigineux,se – qui donne le vertige (schwindelerregend)
d'emblée – du premier coup, aussitôt

**p. 19**
le boyau – Gedärm
la fourmilière – habitation des fourmis
géant,e – anormalement grand, immense
ultérieur,e – *ici:* plus tard
la veine – *ici:* Flöz
la berline – Lore
le boisage – Holzausbau (Verschalung)

**p. 20**
la Goutte d'Or – quartier misérable à Paris
la vierge – Jungfrau
farouche – sauvage
infliger – *ici:* supplier, torturer
le grisou – Grubengas
la crevasse – Spalte, Riß
un avilissement – un déshonneur (Erniedrigung)
le mâle – männliches Wesen
un éboulement – Einsturz

**p. 21**
la précocité – Frühreife
prédisposer – mettre qn dans une disposition favorable (préparer)
le havage – Kohlenhau
le schiste – Schiefer
étayer – abstützen
le mouchard *péj* – espion

**p. 22**
mettre qn à l'amende *fam* – menacer qn d'une punition (légère)
la baisse de salaire déguisée – versteckter Lohnabzug
écœurer – dégoûter au point de donner envie de vomir
à dessein – avec intention
le palefrenier – Stallknecht
le doyen – Ältester (Rangältester)
contraindre – *ici:* forcer
incriminer – accuser

**p. 23**
se propager – se répandre (ausbreiten)
le regard oblique – qn qui ne regarde pas droit en face
une invective *f* – Schmähung
la sorcière – Hexe
taciturne – qui parle peu
une chope – Schoppen
congédier – entlassen

**p. 25**
la jonction – la liaison
la boucle – *ici:* Kreis

les rentes *f, pl* –Einkünfte (Vermögen)
entreprenant – unternehmungslustig, draufgängerisch
diamétrale – völlig entgegengesetzt

**p. 26**
mûrir – devenir mûr (reifen)
une pulsion – Antrieb
le refoulement – Verdrängung (Unterdrückung)
accéder – pouvoir entrer, pénétrer

**p. 27**
une concession – *ici:* Schürfrecht
supprimer – faire disparaître
une enclave – terrain complètement entouré par un autre sans ouverture
un ustensile – (Küchen-) Gerät
le vermicelle – Fadennudel
bien portant,e – être en bonne santé
blême – très pâle

**p. 28**
graviter – tourner autour
boueux,se – schlammig
complaisant,e – entgegenkommend
un molosse – *ici:* Wachhund, auf Menschen abgerichtet

**p. 29**
une aumône *f* – Almosen
démunir – berauben
se prélasser – es sich bequem machen
la prolifération – Zunahme
le chantage – Erpressung
foncier,-ère – *ici:* abgründig
malthusianisme *m* – restriction volontaire des naissances selon une doctrine de l'économiste britannique Thomas Robert Malthus (1766–1834)
faire aller la maison – Haus besorgen
borner – limiter
la tare – un manque, un défaut

**p. 30**
le paroissien – Pfarrkind
le harcèlement – Quälerei
vouer à – destiner à
la sobriété – Schlichtheit
zélé,e – eifrig
solliciter – réclamer
faire les frais *m, pl* – Kosten bestreiten, *hier:* Konversation bestreiten
le commérage – le bavardage (bavarder = schwätzen)
calomnier – attaquer

**p. 31**
une ambition *f* – désir ardent (Ehrgeiz)
la permutation – échange
le vice – l'immoralité, le péché (Laster)
culbuter – umwerfen
le meneur – Rädelsführer, Drahtzieher
viser – regarder attentivement

**p. 32**
besogneux,se – bedürftig
le femme adultère – Ehebrecherin
odieux,se – détestable
le baquet – Waschzuber
le pissenlit – Löwenzahn
une étreinte *f* – Umarmung
un ruban – Band
la ratatouille du soir – Abendsuppe

**p. 33**
inclin,e – geneigt (incliner)
un estaminet *m* – petit café (Kneipe)
prodiguer – *ici:* hegen und pflegen
la fainéantise – la paresse
chatouiller – schmeicheln, kitzeln
dépréciatif,ve – péjoratif (herabwürdigend)
la marmaille *fam* – Kinderschwarm

**p. 34**
blafarde – pâle
un ensevelissement *m* – un enterrement (Bestattung)
la couardise – la lâcheté (Feigheit)

aboutir – se terminer
les ébats *m, pl* – Herumtollen
la fécondité – Fruchtbarkeit
le gaillard – Kerl
le ménagement – Schonung
le cordage – Tauwerk

**p. 35**
vicieux,se – liederlich, lasterhaft
le malaise – Unwohlsein, Unbehagen
héréditaire – erblich (ererbt)
s'approprier – prendre possession de qn, qc

**p. 36**
une assimilation – Eingliederung
la répugnance – horreur (Widerwille)
la chasteté – pureté (Keuschheit)
le différend – désaccord *m*
la désertion – action de déserter
le débit – Ausschank (Kneipe)
doter – équiper
le discernement – Urteilsvermögen

**p. 37**
la lapine – weibl. Karnickel
dépourvu,e de – sans
approximatif,ve – vague, imprécis
un émolument *m* – profit (Nutzen)
le déclassé – Deklassierter
acculer à – forcer
la péripétie – Höhepunkt (Schicksalswende)
révélateur,trice – Aufschluß gebend
l'endurance *f* – Ausdauer

**p. 38**
le réfugié – personne qui a dû fuir le lieu où elle habitait
la caisse de prévoyance – Vorsorge (hier: Streikkasse)
le rémunération – le salaire
une enchère *f* – Versteigerung
désastreux,se – catastrohpique

**p. 39**

refouler – verdrängen (refoulement)
trancher – *ici:* contraster
la révendication salariale – Lohnforderung
miner – user, diminuer
embrigader – recruter (rekrutieren)

**p. 40**

la persuasion – action de persuader qn (Überredung)
paillard,e – geil
le pinson – Buchfink
se quereller – se battre
le cloutier – Nagelschmied
importuner – belästigen
nubile – heiratsfähig
le jeu de quilles *f* – Kegelspiel
sordide – schmierig, schmutzig

**p. 41**

le genièvre – Wacholderschnaps
une ordure *f* – *ici:* Fusel
le rebut – Ausschuß
dissolu,e – ausschweifend
un avilissement – une corruption (Erniedrigung)
la farce – petite comédie (Posse)
prévaloir – sich durchsetzen
éphémère – flüchtig
la sublimation – Sublimierung (Vergeistigung)
les désirs refoulés *m* – Triebunterdrückung

**p. 42**

la frénésie – Raserei
la hanche – Hüfte
la panse *fam* – Bauch
la bouche fendue jusqu'aux oreilles – das Maul sperrangelweit aufgerissen
une hyperbole – Übertreibung
l'avoine *f* – Hafer
le débordement – *ici:* Ausschweifung
éventrer – weit öffnen
engendrer – créer

la causerie – la conversation
la veillée – Abendstunde

**p. 43**
une entité *f* – Wesenheit

**p. 44**
inciter – encourager
le sentiment de culpabilité – Schuldbewußtsein
écouler – vendre
adhérer – devenir partisan d'un parti

**p. 45**
la quinzaine – *ici:* salaire pour 15 jours
insolent,e – grossier, extraordinaire
la raison de fond – tiefer liegende Ursache
la dénonciation – *ici:* accusation
redouter – craindre
pléthorique – überfüllt
la rétribution – la paye
le dénouement – solution, (Auf-)Lösung

**p. 46**
le roulage – Förderung bis zum Füllort
ensevelir – enterrer
evanouir – perdre connaissance
malingre – chétif,ve
estropier – déformer

**p. 47**
être en couches – Wochenbett
incarner – représenter
poignant,e – qui cause une impression très vive et pénible
la dégénérescence – Entartung
broyer – écraser
la précarité – fragilité, instabilité

**p. 48**
pétri,e – durchdrungen
une intransigeance *f* – Unnachgiebigkeit
un éventail *m* – choix

**p. 49**
la velléité – envie faible (Gelüst)
contraindre – forcer
une émeute *f* – soulèvement spontané et non organisé (Aufruhr)

**p. 50**
le perdreau – Rebhuhn
le buisson d'écrevisses *f* – pyramidenförmig gestapelte Krebse
la charlotte de pommes méringuées – Apfelnachspeise
débridé,e – zügellos

**p. 51**
la langueur – la léthargie
féroce – cruel
la réticence – Zurückhaltung

**p. 52**
un investisseur – (Kapital-) Anleger
se dérober – échapper
négocier – verhandeln
indissociable – unabtrennbar

**p. 53**
réfuter – rejeter
aspirer à – porter ses désirs vers un objet
terrifier – terroriser
la contrée – la région
l'antiquaille *f, vx* – une antiquité
le bibelot – Nippes
la babiole – Kleinigkeit, Spielzeug
la famine – Hungersnot
galvaniser – *ici:* aufpeitschen
griser – *ici:* exciter

**p. 54**
aigrement – amer (bitter)
défier – provoquer
le caraco – Jäckchen
le paroxysme – Höhepunkt
la polysémie – Mehrdeutigkeit

**p. 55**
le savoir livresque – Bücherweisheit
un échelon – marche (Stufe)
exécrer – détester
compensateur,rice – qui compense
la crevaison – action de crever (Platzen)
allaiter – säugen

**p. 56**
Bakounine (Mikhaïl Aleksandrovitch) – révolutionnaire russe (1814–1876), membre de la I^re Internationale (1868–1872), il s'y opposa à Marx et fut un théoricien de l'anarchisme
la pourriture – Fäule (Abfall)
la débandade – Auflösung

**p. 57**
Jules Guesde – homme politique français (1845–1922)
la prétention – Anspruch
prôner – loben, preisen
l'étatisation *f* – Verstaatlichung
Paul Brousse – homme politique français (1844–1912)
le guêpier – Wespennest

**p. 58**
un portrait charge – Zerrbild
le placement – action de placer
roder – *ici fam:* mettre au point par la pratique
la providence – destin (Vorhersehung)
le simulacre de vote – Scheinwahl

**p. 59**
le prêteur sur gage – Pfandleiher
le reconfort – ce qui redonne le courage
solliciter – appeler
exaspérer – *ici:* irriter
feindre – imiter
jeûner – ne rien manger pendant un certain temps

**p. 60**
entamer – *ici:* untergraben
la dérobade – Rückzug
se répercuter – se propager

**p. 61**
le vol à l'étalage – Einbruchsdiebstahl
la crosse – Schläger (z. B.: Golf-), *hier:* Art Golfspiel
la morue – Kabeljau
la galopin *fam* – un jeune qui court dans les rues (vaurien)
la rapine – Raub (Beute)
déloger – faire partir qn

**p. 62**
la cholette – (Buchsbaum-)Kugel
converger – se diriger vers un point commun
accabler – humilier (niederschmettern)
le buis – Buchsbaum
le jalon – Anhaltspunkt

**p. 63**
le dépréciation – la baisse (Abwertung)
attendrir – erweichen
le crapaud – Kröte
indéniable – évident
l'avorton – Mißgeburt

**p. 64**
la clairière – Lichtung
s'emparer – prendre
la refonte – Umgestaltung
exalter – exciter
huer – siffler (ausbuhen)

**p. 65**
en proie à – ausgeliefert
le faucheur – Mäher, Schnitter
la moisson – Ernte
l'intéressement *m* – Gewinnbeteiligung
la défiance – la crainte, la méfiance
tatilonner – sich um Kleinigkeiten kümmern
la phrase interro-négative – verneinter Fragesatz
une approbation *f* – une acceptation

**p. 66**
un rut de peuple – *ici:* aufgeheizte Menge
le crépuscule – le coucher de soleil

la préfiguration – Andeutung
l'errance *f* – Umherirren
la mutilation – Verstümmelung
impassible – indifférent

**p. 67**

l'aveuglement *m* – fait d'être aveugle
ancestrale – qui a appartenu aux ancètres (alt-[überliefert])
la canaille – Pöbel, Mob
débridé,e – zügellos, entfesselt
l'imaginaire collectif – kollektive Vorstellung (Einbildung)
la jacquerie – Bauernaufstand
un ouragon *m* – Wirbelsturm
une inondation – Überschwemmung
la faillite – Konkurs
le joug – Joch
flatter – complimenter

**p. 68**

la lande – Heide
la suie – Ruß
le lambrequin – Behang
la palinodie – Zurücknahme, Widerruf

**p. 69**

rudoyer – grob behandeln
le supplice – Marter
vaillamment – tapfer
le paternalisme – Bevormundung
surimposer – *ici:* überhöhen

**p. 70**

ravaler – *ici:* abaisser
la femelle – Weibchen
la verticalité – senkrechte Stellung
engendrer – créer
le parois – le mur
mater – matt setzen (zermürben)
débordé,e – entfesselt, überwältigt

**p. 71**
conspuer – huer (ausbuhen)
limer – couper
abolir – détruire

**p. 72**
cinglant,e – blessant, cruel
le brute – homme grossier sans esprit (Rohling)
défier – provoquer
un homicide *m* – action de tuer un être humain
dégriser – ernüchtern

**p. 73**
intenter un procès – jdm den Prozeß machen
détériorer – endommager, démolir (zerstören)
ensauvager – rendre sauvage
la fringale – une envie *f*

**p. 75**
inassouvi,e – insatisfait,e
La faute de l'abbé Mauret – roman d'Emile Zola, publié en 1875; fait partie du cycle des Rougons-Macquart
Frère Archangias – un des héros du roman *La faute de l'abbé Mauret*
la débauche – Ausschweifung
la fornication – Unzucht
la dépersonnalisation – Entmenschlichung

**p. 76**
le péril – le danger
engloutir – verschlingen
la diversion – *ici:* Ablenkung

**p. 77**
rasséréner – wieder beruhigen (erheitern)
châtrer – kastrieren
la pente – Schräge, Neigung
s'acharner sur – *ici:* sich auf jdn stürzen
méduser – verblüffen
le vol-au-vent – Pastete

**p. 78**
alterner – abwechseln

**p. 79**
le dégel – Tauwetter
déshérité – enterbt
vilipender – verächtlich behandeln, gering schätzen
la rapine – Raub, Beute

**p. 80**
une sentinelle – Wache
être en faction – Wache schieben
une exaspération *f* – Erbitterung, große Erregung

**p. 81**
les yeux de braise – feurige Augen
le commérage – bavardage
calomnier – verleumden
rosser *fam* – verprügeln

**p. 82**
sectaire – sektiererisch, fanatisch
substituer – remplacer

**p. 83**
une division – Uneinigkeit

**p. 84**
la dissension – Meinungsverschiedenheit, Streit
inhérent,e – innewohnend
transiger – sich abfinden
la modération – Mäßigung
la rixe – Schlägerei

**p. 85**
rôder – herumstreichen

**p. 86**
ramper – grimper (kriechen)
fouiner – herumschnüffeln
la fouine – Hausmarder
le gavroche – (Pariser) Straßenjunge
le viol – Vergewaltigung
dissiper – disparaître (zerstreuen)

**p. 87**
aiguillonner – *ici:* aufstacheln
intenable – unhaltbar
une imprécation – une malédiction (Fluch)
vengeur, vengeresse – qui concerne la vengeance
le sacrilège – Entweihung

**p. 89**
la lapidation – Steinigung
conjurer – beschwören
le récit emboîté – eingefügter Bericht
émmurer – einschließen

**p. 91**
le mutisme – Stummheit
être en butte à – exposé à
abreuver – *ici:* überhäufen
ébranler – erschüttern

**p. 92**
la nausée – envie de vomir
la mangeaille – Fressen

**p. 93**
vertueux,se – tugendhaft
foncièrement – von Grund aus, durchaus
Darwin, Charles – naturaliste et biologiste britannique (1809–1892), a été conduit à la doctrine évolutionniste appelé depuis lors «darwinisme»

**p. 94**
étreindre – umarmen
renier – sich lossagen
se déterminer – *ici:* se décider

**p. 95**
la monomanie – fixe Idee
le revirement – Wendung
l'inanité *f* – la vanité (Nutzlosigkeit)

**p. 96**
la faille – Spalte

**p. 97**
le rescapé – personne qui a échappé à un accident
le cataclysme – Umwälzung, Umsturz

**p. 98**
la houille – Kohlenflöz
un coup de grisou – Schlagwetter

**p. 99**
un effarement – Verwirrung
chaste – pur
une envergure *f* – Kraft
escamoter – umgehen

**p. 100**
tardif,ve – qui a lieu tard
dépouiller – ausplündern

**p. 101**
la décrue – sinkendes Hochwasser
hébété,e – abgestumpft
commotionner – choquer
la torpeur – Betäubung, Starre

**p. 102**
garotter – fesseln
tellurique – auf die Erde bezogen
amoindrir – réduire

**p. 103**
excéder – über sich hinausweisen
rudoyer – grob behandeln

**p. 104**
ébranler – erschüttern

**p. 105**
un hiatus – Unterbrechung
un,e émule – Nacheiferer

**p. 106**
une envolée – Gedankenflug
caduc,que – gebrechlich

**p. 107**
la prouesse – Erfolg
médiatiser – nachdenken

**p. 112**
une hyperthrophie de détail – übermäßiger Detailreichtum
le tremplin – Sprungbrett

**p. 113**
se démarquer – sich frei spielen/machen
le bénisseur – Wohltäter
chimérique – versponnen (trügerisch)
fustiger – geißeln
patauger – *ici:* verwirren, verhaspeln

**p. 114**
farouche – sauvage
tatillon,ne – kleinlich
fratricide – brudermörderisch
épuré,e – rendu plus pur
l'infantilisation *f* – fait de devenir infantin

# Bibliographie

*Genannt werden hier lediglich preiswerte Taschenbuchausgaben sowohl französischer wie deutscher Sprache.*


**Französische Ausgaben:**

Zola, Emile:
Germinal. Paris 1956. (Le Livre de poche 145)
Germinal. Paris 1989. (Lattès. Bibliothèque Lattès)
Germinal. Paris 1979. (J'ai lu 901)

Zola, Emile/Guillemin, H. (Ed.):
Germinal. Paris 1979. (Flammarion. GF 191)

Zola, Emile/Mitterand, H. (Ed.):
Germinal. Paris 1978. (Gallimard. Folio 1001)

**Deutsche Ausgaben:**

Zola, Emile:
Germinal. Frankfurt am Main 1983. (Insel Tb 720)
Germinal. München o. Jg. (Goldmann Tb 7605)
Germinal. Stuttgart 1974. (Ph. Reclam jun. RUB 7605)

**Sekundärliteratur:**

Lange, Wolf-Dieter (Hrsg.):
Französische Literatur des 19. Jahrhunderts Bd. III. Naturalismus und Symbolismus. Heidelberg 1980. (Quelle und Meyer. UTB 944)

Gumbrecht, Hans Ulrich/Hassauer-Roos, Frederike J.:
Emile Zola. In: Französische Literatur des 19. Jahrhunderts, Bd. III. S. 212–235. Heidelberg 1980. (Quelle und Meyer. UTB 944)